POR QUE GRITAMOS

ELISAMA SANTOS

POR QUE GRITAMOS

COMO FAZER AS PAZES CONSIGO E EDUCAR FILHOS EMOCIONALMENTE SAUDÁVEIS

9ª edição

PAZ & TERRA
Rio de Janeiro
2024

EDITORA PAZ & TERRA
Rua Argentina, 171, São cristóvão
Rio de Janeiro, RJ — 20921-380
http://www.record.com.br

Seja um leitor preferencial Record.
Cadastre-se no site www.record.com.br
e receba informações sobre nossos
lançamentos e nossas promoções.

Atendimento e venda direta ao leitor:
sac@record.com.br

Texto revisado segundo o novo Acordo Ortográfico da Língua Portuguesa.

CIP-BRASIL. CATALOGAÇÃO NA PUBLICAÇÃO
SINDICATO NACIONAL DOS EDITORES DE LIVROS, RJ

Santos, Elisama
S234p Por que gritamos : como fazer as pazes
9ª ed. consigo e educar filhos emocionalmente
saudáveis / Elisama Santos. – 9ª ed. –
Rio Janeiro: Paz e Terra, 2024.

ISBN 978-65-55-48000-9

1. Crianças – Formação. 2. Parentalidade.
3. Educação de crianças. 4. Psicologia infantil.
5. Pais e filhos. I. Título.

CDD: 649.1
20-63430 CDU: 649.1

Leandra Felix da Cruz Candido – Bibliotecária – CRB-7/6135

Impresso no Brasil
2024

Aos meus filhos, Miguel e Helena, por me reconectarem à criança que fui um dia. Hoje sei que ela ficaria orgulhosa da adulta que me tornei.

SUMÁRIO

PREFÁCIO

Quando Elisama me convidou para escrever o prefácio do seu segundo livro, *Por que gritamos*, o título me saltou aos olhos, já que vira e mexe me pego falando alto com meus filhos — para, na sequência, sentir o arrependimento, acompanhado das lembranças dos gritos de minha mãe para mim, na minha infância. Junto do arrependimento e das lembranças, perguntas me passam pela cabeça: *Precisava gritar?; Esse grito era porque meu filho/minha filha não me obedeceu ou porque estou exausta?; Diz respeito a eles ou a mim?; Existe uma maneira diferente de educar, menos violenta?.*

Preciso dizer que detesto grito e tenho muita dificuldade em lidar com a violência. Mesmo assim, quando me pego fazendo uso dela, me sinto culpada e volto à minha infância: eu fui uma criança que apanhei. Não muito, mas apanhei, porque naquela época bater em filhos era uma forma de educar.

Então, quando engravidei, prometi a mim que jamais bateria em meus filhos, e nesses 8 anos de vida do meu filho mais velho, João Vicente, e 5 anos de Maria Antônia nunca bati em nenhum deles, mas gritar... Ah, os gritos saem quando eu menos espero e voltam em looping: arrependimento, lembranças e perguntas. Por isso, quando o texto de Elisama chegou até mim, me chamou tanta atenção. Não quero gritar com eles, porque acho violento e não acredito na violência como solução para nada. Eu acredito no amor, no acolhimento, no afeto e no diálogo. Ah, acredito no limite também, porque limite, para mim, é amor. Será possível educar meus filhos somente sobre esses pilares? Mesmo quando eles parecem ter entrado num acordo de que só pararão de testar minha paciência quando eu der o primeiro grito?

Conheci o trabalho da Elisama por meio das redes sociais. Educação é um tema que me interessa muito, e me senti seduzida por esse "novo" conceito de *educação não violenta*. Novo para mim, já que fui educada da forma "antiga". Bom, segui acompanhando o trabalho dela pelas redes, trocamos algumas mensagens, até ela me convidar a escrever estas linhas.

Além deste volume que você tem nas mãos, ela me enviou seu primeiro livro, *Educação não violenta*, obra em que não só explica o conceito como dá exemplos de como colocá-lo em prática. Para escrever com maior conhecimento, achei prudente começar pelo primeiro livro — o que me fez quase perder o prazo de entrega deste texto. Eu me reconheci em vários relatos de mães e pais, muitas vezes perdidos e encurralados entre a educação que tiveram e a que gostariam de dar aos filhos. Como filtrar a educação que tivemos? Como não repetir o que não consideramos útil? E como fazer uso do que recebemos de melhor dos nossos pais?

Considero esses dois livros de Elisama como dois amigos que posso recorrer para me acolher, reconfortar, aconselhar e até para me guiar. Como estou com os dois ao lado da minha cama e como tenho dois filhos que estão 24 horas comigo — sim, estou escrevendo este prefácio no período de distanciamento social, para evitar o proliferação do novo Coronavírus, mais especificamente no 17º dia dentro de casa. Podem imaginar o quanto esses livros estão fazendo sentido?

Podem rir, faço isso o tempo inteiro; também choro, e muito. Tenho oscilado demais! E tem sido assim, dia após dia. Esses dias têm sido importantes para tudo: repensar como nos relacionamos com a Terra, com os seres humanos que habitam esse planeta, com os animais, com as plantas, com quem não conhecemos, com quem escolhemos dividir nossos dias e com nossos filhos, que são crianças e merecem um mundo justo e de possibilidades iguais para todos. Parece que estamos neste momento sendo colocados em xeque para que consigamos recalcular a rota, para seguirmos por um caminho diferente deste até aqui. E quem são e como estão nossos filhos, e como lidamos com eles nestes momentos de crise?

Termino destacando um pensamento que não me sai da cabeça: Quanto de mim, dos meus problemas, medos, angústias, cansaço, tristezas e frustações eu jogo nos meus filhos? Quanto a minha insegurança influencia na educação que dou a eles? Como não passar para eles uma carga que é minha? E como criar crianças que possam compreender os valores fundamentais da vida e das relações, vivendo num mundo e num momento tão específico como este, em que o medo e a insegurança tomam conta do meu corpo e da minha mente? Quando os vejo correndo pela casa, brincando, brigando e até me desobedecendo, parece que essas respostas me chegam de maneira muito natural: é por eles. Por eles que a coragem deve superar o medo. Então, coragem, mães e pais! Coragem para nos encararmos de frente e com maturidade! A leitura dos livros de Elisama vale muito. E vale por muitos motivos. Principalmente para entender que não somos os únicos e não estamos sozinhos nesta aventura cheia de caminhos, que é a educação de uma criança.

Taís Araújo, atriz,
apresentadora e jornalista

CARTA AO LEITOR E À LEITORA

Antes de iniciar uma palestra eu sempre dou três avisos que julgo muito importantes. E cá estou, iniciando este livro com eles. São lembretes simples, e seriam óbvios se não vivêssemos tão desconectados de nós mesmos e da fluidez da vida. E digo *vivêssemos* porque são avisos que repito para mim, dia sim, dia também, porque não vou me colocar no lugar de pessoa que encontrou a iluminação e jamais pisa na bola. Estamos todos na caminhada, cada um a seu passo e ritmo. A vida existe para além dos *feeds* perfeitos.

Pois bem, vamos aos avisos:

O primeiro deles é que não sou capaz de reprogramar o seu DNA. Nem de trocar o seu chip. Neste livro não há uma receita infalível para que você nunca mais grite com a criança ou jamais faça chantagem emocional com o adolescente. Temos algumas certezas na vida: precisamos de ar para viver; os bebês possuem um sensor que detecta quando as mães vão saborear uma comida quentinha e que os faz chorar desesperadamente justo nesse momento, e nós vamos errar. Vamos errar muito, várias vezes. Vamos gritar mesmo sabendo que não é o melhor caminho. Vamos perder a paciência, mesmo tendo prometido a nós mesmos que permaneceríamos calmos e serenos como a brisa. Vamos fazer merda. Todos nós, sem exceção. A escritora Kristin Neff, no livro *Autocompaixão*, afirma que, sempre que prometemos nunca mais errar, estamos estabelecendo para nós mesmos uma meta de gente morta. Gente viva erra. E eu quero lembrar que você está vivo. Ou viva. Então adeque as suas expectativas e lembre-se disso antes de se impor algo que jamais vai atingir. Não se presenteie com a garantia de frustração.

O segundo aviso é que os seus pais fizeram o melhor que podiam, com as ferramentas que tinham. Quando educaram você, não havia palestras sobre educação. Não havia livros, aos montes, nas prateleiras das livrarias. Não havia o Google. Pasme: não havia redes sociais. Munidos do conhecimento limitado que tinham, fizeram o que era possível fazer. A maioria deles não foi nem sequer tocada pelos próprios pais. Você já parou para pensar nisso? Que as gerações anteriores às nossas eram tratadas com tanta indiferença emocional que não recebiam um toque gentil ou um colo dos cuidadores? O conceito de infância é recente, sobretudo da forma que enxergamos essa fase da vida na atualidade. Então, de acordo com o que sabiam e diante do que receberam, eles fizeram o melhor e nada do que dissermos aqui será uma crítica pessoal ao que fizeram ou a quem são. Não há pai nem mãe que acorde disposto a causar danos emocionais aos filhos. Mesmo que isso não seja verbalizado, estão todos, cada um ao seu modo, fazendo o melhor com o que têm para dar. Os nossos pais fizeram o melhor. E nós também o fazemos.

O terceiro e último aviso é que você possui hoje tudo o que é necessário para iniciar a prática da não violência. O que quero dizer é que você não é uma pessoa nervosa demais ou irritadiça demais para isso. Você não é alguém que não tem jeito. E cuidar de si e do outro com gentileza e respeito não é coisa de gente naturalmente calma, branda e amorosa. E digo isso com muita segurança, já que branda não é exatamente uma palavra que alguém poderia utilizar para me definir. Na verdade, desde muito nova o meu apelido faz referência a algo oposto: um furacão. Eu tenho a palavra "c'alma" tatuada no braço direito. Alguém que tatua "calma" não é alguém calmo, concorda? Você não precisa ser outra pessoa, precisa apenas aprender a lidar com quem é. Simples e complexo assim. Essas são as cartas que vieram para a sua mão, e reclamar porque a dama de ouros ou o ás de copas não estão entre elas não fará do seu jogo algo melhor. Você é bom o suficiente. Você é boa o suficiente. E eu quero provar isso nas próximas páginas. É para isso que este livro surge. Para que você faça as pazes consigo.

Em tempos de receitas milagrosas para ficar famoso, juntar o primeiro milhão, influenciar pessoas e conquistar a vida dos sonhos, eu desejo que você aprenda a amar quem você é. A apreciar as coisas simples da vida. A estar presente, mesmo quando o presente não é a realização dos seus sonhos. Porque aprender a abraçar a nós mesmos nos deixa mais dispostos a abraçar os nossos filhos. Cuidar dos nossos sentimentos nos torna mais capazes de cuidar dos deles. Ter compaixão pelas nossas imperfeições muda o nosso olhar para as imperfeições deles. Aceitar quem somos nos torna mais capazes de aceitar quem são. Educar é uma missão que começa por dentro. E o que temos dentro transborda.

Nas próximas linhas, vou dividir com você conceitos que estudei, desenvolvi e vivenciei. Vou compartilhar histórias minhas e de pessoas queridas que me deram o privilégio de escutar as suas dores e alegrias — alterando os nomes, para preservar a identidade e privacidade de cada um. Espero que entre Anas, Elisamas, Marcos e tantos outros que serão citados no caminho, você perceba que não está só. Que *tudo bem* ser você. Que existem formas saudáveis e possíveis de lidar com os seus erros e tropeços como parte importante da sua caminhada. Espero que você entenda que aceitação é o oposto de comodismo. A gente só é capaz de transformar o que aceita que existe. E, enquanto não aceitar quem é, você estará limitando o seu potencial. As suas relações podem ser mais verdadeiras e saudáveis. Você pode alinhar as suas atitudes com o que acredita. Ao escutar o que grita por trás dos nossos gritos, aprendemos muito sobre nós. E crescemos como pais e seres humanos.

Desejo que este seja um caminho de transformação: amorosa, gentil, assertiva, um pouco dolorosa, eu sei, mas também divertida. E, principalmente, libertadora, porque merecemos gozar da liberdade de sermos quem somos. E os nossos... ah, eles merecem pais livres, para que se sintam amados e aceitos sendo exatamente quem são.

Que o equilíbrio, a compaixão e a conexão transbordem na nossa vida.

Um abraço daqueles bem apertados,
Elisama Santos

FAZENDO AS PAZES — COM OS — SENTIMENTOS

1

O grupo está atento. O silêncio enquanto eu falo é quase palpável. Na segunda fileira, Ana me encara, com uma expressão que não consigo identificar. Assim que concluo o raciocínio, ela levanta a mão.

> — Eu me pergunto se você também lava prato, organiza a casa, briga com o marido e tem conta para pagar. Porque a minha vida está um caos, e eu não consigo seguir nada disso. Eu não consigo...

As lágrimas rolam feito enxurrada, enquanto ela me conta sobre os problemas financeiros que estão enfrentando em casa. Com dois filhos, marido desempregado e trabalhando para manter a vida nos trilhos, Ana não tem tempo, paciência nem equilíbrio para ouvir os sentimentos dos filhos ou acolher as suas dúvidas e dores. Quando estamos com lágrimas endurecidas no peito, como vamos acolher a lágrima que rola livremente pelo rosto das nossas crianças? Como vamos admitir o choro quando acumulamos tanto choro a ser chorado? Ana me conta que perde a paciência e grita com os filhos, sem perceber que o grito que exige colaboração é, na realidade, um pedido desesperado de socorro.

Seria mais fácil se a vida fosse sempre linda, satisfatória e maravilhosa enquanto educamos os nossos filhos. Seria incrível se, enquanto temos a difícil missão de ensinar sobre o mundo e a vida, as contas se pagassem automaticamente, a casa permanecesse perfeitamente limpa e organizada e o casamento e o trabalho não entrassem em crise. É inegável que seria mais fácil apenas educar. Mas não é bem assim que acontece. Enquanto o caçula grita porque o irmão escondeu o brinquedo, o mais velho berra que é mentira, os e-mails pipocam na caixa de entrada, o resultado do exame assusta e uma crise financeira assola a família e o país. Tudo junto e misturado. Sentimos dor, angústia, medo, frustração, raiva. E, em meio ao caos diário, cuidar dos sentimentos de uma criança que chora porque o brinquedo quebrou parece impossível, um desperdício da pouca energia que temos para dar conta das nossas próprias demandas. "É só um brinquedo, não precisa chorar!" pula da boca de maneira automática. "Não precisa chorar!" diz mais do que parece. Diz: "Eu tenho tantos problemas e coisas sérias para resolver e não estou chorando, quem é você para chorar por uma bobagem dessa?"

Silenciar os sentimentos dos nossos filhos diz muito sobre a nossa inabilidade de lidar com o nosso próprio sentir. O grito fala sobre nós. O nosso barulho interno excessivamente alto nos impede de escutar e nos conectar com a dor dos nossos filhos. Gritamos. Batemos. Silenciamos. Queremos que a dor pare — a nossa e a deles. E, já que não temos controle sobre o que acontece, já que não podemos mudar o resultado dos exames de saúde ou voltar no tempo e impedir a demissão e a crise financeira, calamos os nossos filhos, porque pelo menos nessa relação sentimos que temos um pouco de poder. De controle. Nela podemos gritar, exigir, subjugar. E quanto mais a vida dói, mais negamos o que sentimos, mais a dor aumenta e menor é a paciência para lidar com a dor alheia, o que causa ainda mais dor. É o ciclo do caos.

Calma, não quero que você sinta culpa ou desesperança neste momento. Quero apenas que entenda que o "felizes para sempre" não existe. Que a Cinderela com certeza bateu algumas portas do castelo, sentindo vontade de mandar o príncipe para o inferno. Idem para a Branca de Neve. Depois do "felizes para sempre" ainda há muita história a ser vivida e contada. Ainda há lágrimas, frustrações, medo. E nenhum desses sentimentos é prova de que você é incompetente e incapaz de lidar com a vida. Não existe linha de chegada. Dentre outras coisas, viver dói. Assumir isso como parte da existência transforma a nossa forma de lidar com a vida. Então não, a vida não vai ficar sentada, docemente, esperando que você aprenda a lidar com os desafios que a educação apresenta. A paz não virá de fora. Ninguém vai aparecer montado em um cavalo branco ou empunhando uma varinha mágica para salvá-lo ou salvá-la. Não vai surgir uma receita milagrosa, fácil e simples de filhos emocionalmente saudáveis, colaborativos e bem-sucedidos. Seus problemas não vão acabar. Faço questão de deixar isso claro aqui, bem no comecinho da leitura, para que você ajuste as suas expectativas e assuma as suas responsabilidades. Na realidade, a opção fácil e simples não vem no pacote. Sinto muito. Educar olhando para os nossos sentimentos é difícil, mas bater e gritar o dia inteiro também é. Lidar com a culpa e a ressaca moral depois de bater em um ser mais frágil física e emocionalmente que nós e humilhá-lo também é.

Ok, vamos educar enquanto sentimos dor, enquanto as frustrações acontecem, enquanto os pratos sujos se multiplicam, as contas vencem e os problemas surgem. Algumas fases serão simples, fáceis e doces, outras serão angustiantes e excessivamente desafiadoras. A vida é uma dança. A linha reta é a morte. Enquanto estivermos vivos, vamos conviver com luz e sombra, alegria e dor, vida e morte. Felizes, tristes, angustiados, animados, alegres, desesperançados e tantas outras coisas para sempre. É hora de assumir que não fomos educados para lidar com tudo isso. Hora de assumir que não sabemos quase nada sobre quem somos. Hora de admitir, finalmente, que aprender trigonometria ou a conjugação de verbos transitivos e intransitivos foi muito pouco para nos preparar para a vida. Precisamos de mais, porque a nossa interação com o mundo exterior depende diretamente do que acontece no mundo interior. Como lidamos com as nossas emoções interfere diretamente no "bom dia" que damos — ou não — ao vizinho, na forma de conduzirmos o carro, no tom de voz que utilizamos para responder ao "mãe!" ou "pai!".

Não escolhemos a força das ondas, o tom da música ou as cartas do jogo. A vida manda, a gente aprende a lidar com ela. Decidimos como vamos navegar, que passos vamos dar, que jogadas vamos fazer. Não é o que fizeram conosco, mas o que fazemos com o que fizeram conosco. Podemos fazer muito. E aprender a lidar com os sentimentos e com quem somos é o melhor caminho possível.

O QUE APRENDEMOS SOBRE OS SENTIMENTOS

Ana concluiu a fala, enquanto muitos balançavam a cabeça para cima e para baixo, demonstrando concordância com o que tinham acabado de escutar. Eu manifestei a minha solidariedade ao momento difícil que ela estava vivendo e perguntei se ela acolhia a própria dor. A pergunta causou um nítido estranhamento. O que é acolher a própria dor? Como se faz isso? Ela me respondeu que não pensava muito. Se pensasse, não daria conta da vida. Ela simplesmente seguia. E é nesse "simplesmente seguir", sem pensar nem refletir, sem olhar para nós e para as nossas necessidades, que mora uma das maiores dificuldades no relacionamento com os filhos. Com o outro. Com o mundo. Sem reconhecer e acolher o sentir, Ana seguia extravasando a própria dor em gritos de "larga o seu irmão!", "come a comida toda!", "se eu for aí você vai se arrepender!".

Os sentimentos fazem parte da vida. Não são aplicativos que podemos desinstalar ou desativar. São tão humanos quanto a vontade de fazer xixi ou a sensação de frio. Mas, diferentemente das nossas necessidades físicas, as emocionais não costumam ser levadas em consideração ou escutadas. Pelo contrário. As mensagens que recebemos sobre os sentimentos nos afastaram da capacidade de lidar com eles.

APRENDEMOS QUE OS SENTIMENTOS SE CLASSIFICAM ENTRE BONS E RUINS

Os primeiros podíamos sentir; os segundos, não. Podíamos ficar alegres, animados, felizes. Não podíamos ficar tristes, frustrados. Não podíamos, de forma nenhuma, sentir raiva. "Você quer um motivo de verdade para chorar?" foi uma frase ouvida com frequência pela maioria das crianças. Enquanto estávamos frustrados com o brinquedo que parou de funcionar ou com o castelinho que insistia em não permanecer firme, o adulto mais próximo minimizava a nossa dor e dizia que não deveríamos sentir o que estávamos sentindo. "Que coisa feia, uma menina tão linda chorando assim!", "Se não parar de chorar, eu não vou dar o brinquedo!" Assim, aprendemos que havia algo de inadequado e errado em alguns sentimentos. Agora me diga, com sinceridade, quantas vezes repetiu para si mesmo ou para si mesma que não deveria chorar, ou que a sua dor era ridícula e boba, fez com que se sentisse melhor? Quantas vezes você ficou triste por estar triste? Aprendemos que os sentimentos ditos ruins não deveriam existir e, por isso, passamos a vida brigando com eles.

Sempre pergunto, nas palestras e nos eventos dos quais participo pelo país, quem, em um momento de tristeza ou depois de cometer um erro, trata a si mesmo com carinho e respeito. Quem acaricia o próprio braço, respira fundo e diz a si mesmo: "A fase está complicada... está doendo... mas você está fazendo o seu melhor!" A sala fica em silêncio. Volta e meia, alguém sorri. É tão estranho que chega a ser engraçado. Daí pergunto quem costuma dizer a si mesmo as seguintes frases: "Eu não deveria chorar", "Eu sou muito ridícula de chorar por isso!", "Eu mereço mesmo quebrar a cara, quem sabe assim aprendo." As gargalhadas brotam, e os olhares de "você tem uma câmera na minha sala?" me miram. Nós nos acostumamos tanto a ter os nossos sentimentos ridicularizados e menosprezados pelos nossos cuidadores que seguimos falando com a voz deles. Os sentimentos ruins não deveriam existir. Acontece que só aprendemos a lidar com o que aceitamos que existe.

APRENDEMOS QUE OS SENTIMENTOS NÃO SÃO CONFIÁVEIS

— Eu odeio a vovó!
— Você não odeia ela, você ama a vovó! Que coisa feia! Olhe a ingratidão!

— Mãe, *tô* com fome!
— Você acabou de comer, não está com fome!

Os exemplos seriam inúmeros. Crescemos ouvindo que a nossa voz interna não sabem de nada. Que não podemos confiar nos nossos sentimentos e sensações. Que apenas a mamãe, o papai e os demais cuidadores sabem do que precisamos e o que queremos; afinal, "criança não tem querer". Veja bem, quando crianças, confiávamos plenamente no que os adultos diziam. O que nos diziam sobre quem somos, quem eles eram e como era o mundo eram verdades absolutas. Já reparou como as crianças buscam nos pais a resposta para as questões mais diversas? Nessa fase, tão estruturante, escutamos dos adultos que eles sabem mais sobre nós do que nós mesmos. Que não podemos ouvir a nossa própria voz interna, porque ela nos coloca em perigo. Como vamos aprender a lidar com os sentimentos se não podemos confiar neles?

Há algum tempo vi uma criança perguntando à mãe se ela própria estava com sede. O nível de desconexão com as próprias necessidades era tão grande que a criança não conseguia sequer reconhecer algo tão básico quanto a sede. O pior é que achamos que essas situações são normais. Acreditamos que sim, o adulto sabe tudo sobre a criança, a ponto de atropelar o saber nato de todo ser humano. Quantas vezes, na vida adulta, nos colocamos em situações que nos provocam dor e sofrimento, negando todas as vozes internas que nos dizem que aquela não é uma boa opção? Quantas vezes anulamos o nosso próprio querer e saber, buscando no outro a resposta para como devemos agir? Quantas vezes terceirizamos a responsabilidade sobre as decisões? Quantas vezes fica subentendido, nos nossos gestos e falas, que não nos consideramos confiáveis?

APRENDEMOS QUE OS SENTIMENTOS SÃO SINÔNIMO DE FRAQUEZA E DESCONTROLE

Não sei se você já assistiu ao filme *Frozen*, da Disney. Se não assistiu, vou contar um pouco do enredo. O filme conta a história de duas irmãs, Elsa e Anna. Uma delas, Elsa, tem o poder mágico de criar e manipular o gelo e a neve. Nos primeiros anos da infância de ambas, Elsa usava seu dom para divertir a irmã mais nova. Produzia gelo e neve para que ela patinasse e escorregasse, até que, em uma das brincadeiras, fere acidentalmente Anna, que quase morre. Desesperados e sem saber como lidar com a situação, os pais a isolam, impedindo-a de conviver com outras pessoas, inclusive a irmã, e lhe dão um par de luvas que a ajudam a conter seus poderes. Em determinada cena, a personagem canta: "Não podem vir, não podem ver/ Sempre a boa menina deve ser/ Encobrir, não sentir, nunca saberão/ Mas agora vão."

Já adulta e após a morte dos pais, Elsa se vê forçada a sair da sua prisão. E as luvas que por tanto tempo a impediram de machucar outras pessoas não conseguem mais conter seu dom. Sem saber como lidar com todo aquele poder, ela foge para as montanhas, onde cria para si um castelo de gelo e, no processo, mergulha acidentalmente todo o reino de Arendelle em um inverno interminável. O filme tem um final lindo: Elsa começa a aceitar seus poderes e a lidar com eles, e tudo volta a ser fofo e florido, mas não é a esse ponto que quero chegar. Quero que você preste atenção à letra da canção que Elsa canta quando foge para as montanhas. Isso faz com que se lembre de alguma coisa? O que aprendemos a fazer com a raiva? Encobrir e não sentir. E com a tristeza? Encobrir e não sentir. E com o medo? Encobrir e não sentir. E com a frustração? A angústia? A ansiedade?

Agora me conte: o que acontece depois de anos e anos encobrindo esses sentimentos? Quantas e quantas vezes fingimos não sentir, até não dar conta de tanta dor e a descarregar no outro ou em nós mesmos? Quantos invernos congelantes produzimos fora e dentro de nós porque anos usando luvas nos impediram de lidar com quem somos?

Aprendemos a encobrir os sentimentos porque forte é quem não sente. É quem sustenta o sorriso no rosto mesmo com o coração despedaçado. Choro é sinal de fraqueza; raiva é sinal de descontrole. Ambos demonstram que não somos os seres humanos perfeitamente educados e maduros que deveríamos ser.

Quantas vezes escutamos — e por vezes dizemos — que alguém é forte porque aparenta não sentir uma perda ou uma dor? E quantas vezes negamos o nosso sentir porque consideramos que, se demonstrarmos alguma vulnerabilidade, seremos considerados fracos e inadequados?

Qual é o preço da sua força? Quanto de você é atropelado e esquecido diariamente para que se mantenha firme no papel de quem não sente?

Volta e meia alguém me questiona sobre que capacidade uma geração que tem os sentimentos acolhidos terá de lidar com a dor e a frustração. Esse questionamento me mostra que temos pouquíssima consciência das nossas incapacidades. Olhe ao redor: nós somos uma sociedade que sabe lidar com a frustração? Nós sabemos lidar com a dor?

HELENA E O BRINCO

Não furamos a orelha de Helena, minha filha caçula, quando ela nasceu. Aos 5 anos, a pequena decidiu que gostaria de usar brincos. Procurei um lugar adequado, fomos até lá, mas saímos com apenas uma das orelhas furadas e uma hora de choro sofrido. Decidimos que um dia, quando estivesse pronta, eu a levaria novamente. Uma semana depois, enquanto eu viajava, algo bastante improvável aconteceu. Enquanto o pai desembaraçava os cabelos da pequena, o pente se prendeu ao brinco, puxando-o de tal forma que ele saiu pelo furinho recém-feito. Imediatamente, muito sangue escorreu. Diante da dor, do susto, do medo e da frustração de ver o brinco sair dessa forma, a minha menina chorou desesperadamente. Até que fechou os olhos, respirou fundo e cantou. Cantou para se acalmar, como eu já havia feito inúmeras vezes. Muitas pessoas me dizem que a vida não é gentil e acolhedora. Que as crianças precisam aprender a engolir a dor, porque não estarei ao lado delas para acolhê-las para sempre. Não, eu não estarei. Mas quando não estiver ao lado, estarei no coração. E Helena, aos 5 anos, provou claramente a verdade disso. Não encobrimos, sentimos. Permitir que os sentimentos existam nos torna mais capazes de lidar com eles. Força é sustentar o que se sente com respeito e honestidade. Sentimentos não são sinônimo de fraqueza.

OS HOMENS E A FORÇA

Impossível falar de força e sentimentos sem mencionar a forma como educamos os nossos meninos. Há um conceito distorcido do que é ser homem em nossa sociedade que aprisiona os homens e os distancia do próprio sentir. Sou mãe de um menino e de uma menina e vejo as pessoas tratarem o meu filho com menos carinho pura e simplesmente porque ele é menino. É comum que mudem o tom de voz ao falar com ele. Enquanto os sorrisos e o carinho costumam fazer parte da forma com que falam com Helena, Miguel recebe tapinhas nas costas, soquinhos e apertos de mão. Eu, que sou mãe e sei ler boa parte dos olhares do pequeno, sei que ele também gostaria de carinho, abraços e beijos. O fato de ter um pênis não tira dele a necessidade de toque e aconchego. Certa vez, conversando com o meu marido sobre amizade, percebemos a imensa diferença na forma como enxergamos os nossos amigos. A intimidade e o companheirismo que tenho com as minhas amigas foram construídos com lágrimas e abertura emocional. Quando criança, quando estava chateada porque havia apanhado dos meus pais, podia bater na porta da minha vizinha e melhor amiga, Carol, e era certo que encontraria um ombro no qual chorar. Era seguro demonstrar os meus sentimentos para ela. Já Isaac, meu marido, não podia fazer o mesmo. Era muito provável que, se batesse à porta de um amigo chorando porque tinha apanhado ou algo semelhante, escutasse coisas como: "Você é veado? Homem não chora!", "Você é um homem ou um saco de batatas?"

Mesmo que a família não fosse um lugar seguro para demonstrar as emoções, para boa parte das mulheres a amizade servia como amparo e refúgio. Para os homens, não. Enquanto a mulher foi educada para se preocupar com a aparência, atrelando o valor que dava a si mesma aos quilos na balança, os homens foram educados para serem fortes. Elas não deveriam parecer gordas. (Quantas vezes você, mulher que me lê, perguntou a alguém próximo: "Essa roupa me deixa gorda?") Eles não deveriam, em hipótese alguma, aparentar fragilidade. Parecer afeminado? Jamais!

A luva colocada na mão dos meninos vai ficando mais e mais grossa. E os seus efeitos sobre a relação com eles mesmos e com os outros são sentidos diariamente, nos índices de violência ou em simples conversas domésticas.

APRENDEMOS QUE OS SENTIMENTOS NOS FAZEM MENOS MERECEDORES DE AMOR, CARINHO E RESPEITO

Certa vez, em um momento de raiva, a minha filha, então com pouco mais de um ano, gritou com a minha mãe. Naquele momento, de maneira automática, ela respondeu: "Assim a vovó não ama!" A minha mãe deixaria de amar a neta? Jamais. Mas aquela era a forma de demonstrar reprovação que ela conhecia. Condicionando o amor. Já falei que os nossos pais fizeram o melhor que podiam com as ferramentas que tinham, mas isso não muda o fato de que aprendemos que somos amados quando somos legais, obedientes e bonzinhos. Somos amados quando agimos da maneira esperada. Quando a raiva aparecia, quando a frustração causava dor, quando a tristeza invadia, éramos também tomados pela sensação de solidão. Em vez de abraços e acolhimento, recebíamos críticas, agressões e ameaças, e o desconforto que os nossos sentimentos causavam era quase palpável. "Não posso demonstrar o que sinto, ou ninguém vai gostar de mim" era uma conclusão fácil.

Nenhum bebê deixa de chorar por medo de perder o amor dos pais. Se sente medo, fome, sono, susto, ele chora, já que o choro é a sua principal forma de comunicação. É com o tempo e a reação dos adultos ao nosso redor que concluímos que alguns sentimentos podem ser demonstrados, outros não. Que alguns sentimentos podem ser vivenciados e outros causam um desconforto tão grande em quem nos cerca que devem ser escondidos e ignorados. Que quando sentimos raiva, o papai grita e bate; quando sentimos medo, a mamãe menospreza e nos chama de bobos. Assim, associamos a alguns dos principais sentimentos humanos a certeza de que eles diminuem o afeto de quem deveria nos amar incondicionalmente.

Antes que você conclua, erroneamente, que eu acredito que as crianças devam agir da forma que quiserem, gritando, batendo e ameaçando os pais enquanto estes apenas riem e pensam: "É só uma criança!", esclareço que entre acolhimento e permissividade há uma diferença enorme. Acolher o sentimento é entender que somos os adultos da relação e que é nosso dever ensinar às crianças que os sentimentos são inevitáveis, as nossas atitudes diante deles, não. No livro *Educação não violenta*, apresento formas saudáveis, amorosas e assertivas de fazê-lo.

AS CONSEQUÊNCIAS DESSES APRENDIZADOS

Foram muitos os aprendizados equivocados sobre os nossos sentimentos; listei apenas os principais. Nos ensinaram o que era um lápis e um tênis, como manusear a faca. No entanto, nunca foi prioridade nos ensinar o que são a frustração, a tristeza, a angústia. Não nos ensinaram a lidar com a raiva. No intenso e desafiador mundo interior, nos aventuramos sozinhos. E o que aprendemos a nosso respeito apenas nos distanciou dos tão almejados autocontrole e força. Fugir dos nossos sentimentos nos faz vivenciar consequências que ferem a nossa relação conosco, com o outro e com o mundo.

NÓS NOS ENTORPECEMOS

Se os sentimentos são, na sua maioria, ruins; se não são confiáveis; se são sinônimo de fraqueza e de descontrole e não nos fazem merecedores de amor, carinho e respeito, é claro que não saberemos vivenciá-los com sabedoria. Temos tanto medo do medo e ficamos tão tristes por estarmos tristes que encontramos na fuga o caminho mais eficaz. Nós nos entorpecemos. Não, não estou falando do uso de drogas ilegais, mas sim dos nossos pequenos entorpecimentos diários. Horas nas redes sociais, percorrendo *feeds* e *timelines* alheios, para não pensar em nossa própria vida. Beber, comer. Assistir à Netflix até que a mensagem "Você ainda está assistindo?" apareça na tela. Vale qualquer coisa para não experimentar a dor, o desconforto, a frustração. Nos dois anos mais difíceis da minha vida adulta, engordei 26 quilos. O nó na garganta descia mais fácil com doces cheios de leite condensado.

Cada vez que, na infância, a dor aparecia, nós recebíamos uma nova camada de dor provocada pelos nossos cuidadores. O brinquedo quebrava e você, cheio de frustração e irritação, o atirava longe. O adulto mais próximo, com a sua própria imaturidade emocional, levava a atitude para o lado pessoal. Entendia que aquele gesto era uma afronta de uma criança mal-educada. E, como reação impensada, gritava, batia, silenciava. O seu coração, que já estava acelerado, batia ainda mais rápido. Medo, raiva e mais frustação se misturavam à dor que já existia. A sensação de inadequação tomava o corpo, que, silenciado, era obrigado a engolir o choro. Assim fomos apresentados às sensações físicas e emocionais dos sentimentos. E em vez de lidar com o nosso sentir, queremos apenas que a dor pare. Nós nos entorpecemos, buscando uma anestesia. Seguimos, como a criança que se vê ameaçada por um ser com duas ou três vezes o seu tamanho, assustada e encolhida, impotente diante do que a vida traz. E é chegada a hora de assumirmos o nosso tamanho.

BRIGAMOS E RESPONSABILIZAMOS O OUTRO PELO QUE SENTIMOS

— Assim a mamãe fica triste!
— Assim o papai chora!
— Você me decepcionou!

Frases como essas nos ensinaram que somos responsáveis pelos sentimentos dos outros. Que temos o poder de mudar o que acontece no mundo interno de quem cuida de nós. É um pouco pesado responsabilizar uma criança de 1, 2, 5 ou 10 anos pela sua felicidade, não? Nossos filhos não nasceram para nos fazer felizes, assim como não nascemos para fazer os nossos pais felizes. Podemos contribuir para o bem-estar uns dos outros, mas cada um é responsável por cuidar do que lhe faz bem. Os nossos sentimentos falam mais sobre nós do que sobre o outro. Quando não nos responsabilizamos pelo que sentimos, perdemos a espetacular oportunidade de aprender mais sobre o que acontece no nosso mundo interno. E de, diante dessa consciência e dessa informação, comunicar ao outro como pode contribuir para a nossa felicidade. Contribuir, não se responsabilizar.

A HISTÓRIA DA BANANA-DA-TERRA

Estávamos em casa, meu marido e eu, preparando o jantar. Gostamos de vários alimentos com texturas diferentes, a banana-da-terra é um deles. Eu gosto firme e macia, Isaac prefere molenga, quase se desmanchando. Ao perceber, durante o preparo, que a banana estava no ponto que eu gosto, separei uma quantidade para mim e deixei as demais cozinhando. Ele passou por mim, viu o prato com a comida e disse:

— Custava me esperar? Ficou pronto e nem me chamou!

Veja bem, um dos meus rótulos na infância, além de brava, era gulosa. Havia sempre alguém vigiando o que estava no meu prato, comentando que eu estava comendo demais e que deveria lembrar que mais pessoas ainda iam se alimentar. Não importava se eu estava comendo pouco, se eu estava ou não com fome: eu era a gulosa. A minha irmã, como era de se esperar — temos a tendência de aprisionar os irmãos em papéis antagônicos —, não gostava de comer. Volta e meia os nossos pais diziam para ela: "Se você não comer, vou dar para a Elisama!" Sim, eu era o cachorro. Ser vista assim me irritava profundamente. A sensação de injustiça amargava a boca e me despertava muita, muita raiva. Quando Isaac comentou sobre a comida no meu prato, adivinhe que dor eu acessei? Eu gostaria, verdadeiramente, de dizer que fui doce e gentil e que reagi exatamente como manda a cartilha. Mas a verdade é que soltei um palavrão. As sensações físicas da infância voltaram e a minha vontade foi revidar, já que, diferentemente de quando era criança e não podia responder os meus pais, agora eu podia. Eu só queria gritar: "Agora vou comer essa merda toda, você não manda em mim! Grosso!" Respirei fundo. Reconheci o coração acelerado, os punhos cerrados. O corpo pronto para a luta. Assumi que aquela não era uma dor do agora. Que se aquilo estava me abalando tanto, era porque mexia em algo profundamente dolorido em mim. Por sorte, eu sabia exatamente o que era. Respirei, me entendi e disse:

— Amor, passei a infância tendo o meu prato vigiado. Odeio que comentem sobre o que como, quando como ou como eu como. Não faça isso novamente, por favor. A sua ainda não está como você gosta, tirei essa parte para não cozinhar demais.

Assumir o que sinto me fez compreender por que doeu e dizer a Isaac como ele poderia agir em uma situação semelhante. Certamente um caminho mais eficaz do que culpá-lo pela minha dor.

NÃO ESCUTAMOS O QUE A DOR TEM A NOS ENSINAR

Como expliquei no livro *Educação não violenta*, os sentimentos são como bússolas que nos direcionam para as nossas necessidades, que são ou não atendidas. A frustração, a angústia, a tristeza contam coisas importantes sobre nós. Olhar para cada sentimento nos faz entender por que está doendo. E quando entendemos por que está doendo, temos a possibilidade de cuidar dessa dor.

MARINA

Marina estava sentada na primeira fila. Atenta, fazia várias anotações. Quando abri para perguntas, foi uma das primeira a levantar a mão. Disse que não sabia lidar com o filho quando ele dizia que não gostava dela. Conseguia lidar com outras situações com certa tranquilidade, mas ouvir que ele não gostava dela a tirava do sério. Queria dicas de como fazer com que ele não lhe dissesse mais isso. Expliquei que as crianças ainda não desenvolveram grande parte dos nossos filtros sociais e acabam por dizer o que pensam. E que, em todas as relações, há momentos em que sentimos raiva de quem amamos. Não existe relação só de amor.

> — Diga que entende que ele está com raiva e que você gosta de ser tratada com gentileza. Peça a ele que expresse a raiva de outra forma e diga que pode ajudar se ele quiser. Só mais um ponto em relação a sua pergunta. Vale refletir sobre por que é tão importante que seu filho goste de você o tempo inteiro. Em que ferida essa fala dele toca para que você se irrite tanto?

Marina chorou. Estava vivendo para o filho, se esforçando para ser a melhor mãe possível. Havia abandonado os próprios sonhos em nome da maternidade, e ouvir que o filho não gostava dela era interpretado como um atestado de fracasso. A fala do filho, tão comum, em sua vida ganhava um peso imenso. Entender o que estava por trás da própria irritação deu a Marina oportunidade de olhar para dores maiores e mais profundas. E de poder cuidar melhor delas.

FICAMOS INFELIZES

Imagino que você já tenha feito algum tratamento dentário com o uso de anestesia. Enquanto o dentista mexe e remexe na nossa boca, não sentimos quase nada além de alguns puxões. A dor parece não existir. Mas se, assim que o tratamento terminar, lhe for oferecida a sua comida preferida, com o melhor tempero e o melhor preparo possíveis, você não sentirá o sabor nem a textura. A anestesia não bloqueia somente a dor. Ela dessensibiliza tudo. O mesmo acontece quando nos entorpecemos e fugimos dos nossos sentimentos. Não dá para escolher deixar de sentir a tristeza, a frustração, o medo e seguir sentindo a conexão, o amor, a alegria. Nos dessensibilizamos para tudo. E volta e meia a vida parece sem graça. Sem propósito. Nada faz sentido. Acordamos querendo que o dia acabe. Adoecemos.

Acolher toda a enorme gama de sentimentos que nos visitam nos faz mais felizes. Cada sentimento cumpre a sua função e dá lugar a um novo sentimento. Impedir esse fluxo natural tem um alto preço. Não é à toa que estamos vivendo um momento social tão complicado. Nós nos distanciamos de nós e do outro, deixamos de ver as desigualdades e de nos indignar com as injustiças porque não queremos lidar com o incômodo que olhar para tudo isso causa. Nós nos acostumamos a relações ruins — conosco e com o outro. E buscamos tapar esses buracos emocionais com mais e mais prazer imediato. Engolimos a dor, em vez de cuidar de nós mesmos diante dela. E pagamos toda essa dor com a nossa felicidade.

O PODER DO CHORO

A leitura até aqui pode estar um pouco indigesta, eu sei. Falar de sentimentos, sobretudo os que doem, não é uma missão simples. Estamos acostumados a fugir, ignorar, menosprezar. Talvez você esteja reconhecendo algumas falas que usa na educação dos seus filhos e talvez isso tenha despertado mais sentimentos dolorosos. Respire. Acolha. Aceite que esses sentimentos fazem parte da vida. Que achar que pode viver sem eles é meta de gente morta. Se presenteie com a liberdade de tratar-se bem. E chore. O choro lava a gente de dentro para fora. O choro acalma e liberta. Regula. Somos uma sociedade que sofre de lágrima presa. Precisamos, finalmente, entender o poder do choro.

LÍDIA

Acompanhei Lídia algumas vezes, por meio de consultorias. Ela era uma mulher simpática, de fala firme e doce ao mesmo tempo. No entanto, naquela consulta, estava diferente. Quando começou a falar, entendi o porquê. Havia poucos dias o filho tinha sido diagnosticado com um transtorno mental. A notícia abalou profundamente seus sonhos e planos. Ela falava de maneira agitada. Ansiosa. Depois de alguns minutos, perguntei se havia chorado a dor, o susto, o medo e a frustração diante da notícia. Ela me respondeu que sim, que vinha chorando muito ultimamente. Então perguntei qual era o discurso interno enquanto chorava. O que dizia a si mesma enquanto as lágrimas rolavam? "Preciso ser forte, meu filho precisa de mim!"? "Eu não deveria estar me sentindo assim, deveria agradecer porque ele está vivo!"? Ela assentiu com a cabeça.

> — Então, minha querida, o choro não está cumprindo a sua função. Você está se reprimindo, negando os seus sentimentos e calando a sua dor. Deixe o choro fluir, lavar a sua alma. Você pode sentir todo esse furacão emocional que está em você agora. Está tudo bem...

Lídia chorou. Chorou, falou do medo, das angústias, das dúvidas. Deixou que os sentimentos aflorassem, e o rio fluiu. E pela primeira vez desde que tinha recebido a notícia, se permitiu chorar até suspirar.

Aprendemos a engolir o choro. Nós, que parávamos de chorar entre soluços e engasgos, não conhecemos o poder de parar de chorar com um suspiro de alívio. Não sabemos o poder de permitir que as lágrimas brotem e ajudem em nossa regulação emocional. Lágrimas emocionais possuem substâncias analgésicas naturais. São a sabedoria do nosso corpo. E nós impedimos que elas fluam e cumpram a sua missão. Quer viver mais feliz? Permita-se chorar mais. Chore até que o alívio venha em forma de suspiro.

Certa vez, escrevi um texto nas redes sociais sobre o choro, e alguém postou um comentário no qual dizia que na vida adulta não podemos nos dar ao luxo de parar e chorar. Que a vida não espera e, por isso, precisamos nos tornar hábeis em engolir o choro e seguir em frente. Há algum tempo, eu seria a pessoa a escrever aquele comentário. Não me permitia muito o choro, achava que não tinha tempo. O que pensariam de mim se me vissem chorando? Que sou fraca, vulnerável? Como usariam o meu choro contra mim? Então eu acreditava que engolir e seguir em frente era a melhor opção. A mais adulta. A mais útil. Não percebia que as lágrimas engolidas na verdade viravam raiva, dedo na cara, palavras duras. Não percebia que engolir o choro me machucava e, machucada, eu machucava as pessoas que me cercavam. Esses medos e crenças não surgiram do nada. Quantas vezes escutamos: "Olha a moça vendo você chorar"? Que mensagem recebemos com essa fala? "O que essa moça pensa ao seu respeito é mais relevante do que o que você está sentindo." Há também uma causa que seguimos perpetuando sem perceber.

Em um momento de dor e tristeza, desabafamos com os nossos pais: "Eu não queria que a vovó fosse embora." Minutos depois, quando agimos de maneira contrária à esperada pelo adulto, o nosso desabafo é imediatamente usado contra nós: "Você fala assim com a sua avó, depois chora porque não quer que ela vá embora!" A informação sobre o que sentimos vira uma arma contra nós, então o mais seguro é fingir não sentir.

Ainda hoje existem situações nas quais engulo o choro. Mas agora, quando percebo esse comportamento, aguardo a calmaria chegar, à noite, e choro, abraçada ao meu marido, a uma amiga ou ao telefone com a minha irmã. Aprendi que a minha raiva é uma capa grossa para esconder a minha vulnerabilidade. Engrossar a capa me faz afastar as pessoas que amo. E me impede de sentir o calor do abraço ou a carícia da brisa. Eu não nasci para engolir o choro. Você também não.

O PODER DA AUTOCOMPAIXÃO

Além de libertar o choro, para fazer as pazes com os nossos sentimentos, precisamos exercitar a autocompaixão. São muitas as definições possíveis para a autocompaixão. Ao longo dos anos, desenvolvi a minha forma de explicar e simplificar o conceito. Autocompaixão é ter a consciência de que vamos fazer besteira, pisar na bola e agir de maneira contrária à que consideramos a melhor, mas continuar nos amando e nos valorizando apesar disso. É entender que um erro não nos define, que somos maiores e mais complexos do que um ato, gesto, palavra ou momento. Autocompaixão é reconhecer que somos imperfeitos, e está tudo bem. Sério, está tudo bem.

Nós aprendemos a ter pavor dos erros. Os nossos pais aprenderam que os erros faziam com que sofressem, por isso, desejavam que fôssemos perfeitos para que sofrêssemos menos. Não queriam nos ver sofrer. E por isso exigiam de nós a perfeição. O melhor. Endurecidos, buscavam nos endurecer também. Viam as nossas falhas através de lentes de aumento. E assim passamos a acreditar que os nossos gestos e atos são pequenos, imperfeitos e insuficientes.

HELENA E A BONECA

Estávamos no restaurante e, enquanto esperávamos a refeição, as crianças brincavam. Helena balançava a boneca, fazendo sons de luta. Diante da fragilidade do brinquedo, avisamos:

— Filha, assim a boneca pode quebrar.
— Filha, essa boneca não aguenta uma brincadeira dessa!

Ela seguiu brincando e fazendo os sons de luta. Em pouco tempo, a perna da boneca quebrou. Assim que viu a perna solta, meu marido não segurou a frase que falamos quase sem perceber, a confirmação da nossa superioridade e sabedoria.

— Eu avisei! Agora vai ficar sem a boneca!

Irritada, ela cruzou os braços. As sobrancelhas cerradas demonstravam raiva.

— Eu sinto muito, filha. Sei que era a sua boneca predileta — eu disse, genuinamente.

Os bracinhos se descruzaram e se abriram na minha direção. E ela chorou. Veja bem: eu não prometi uma boneca nova. Não disse que ela estava certa e que brinquedos existem para serem quebrados. Apenas reconheci a dor e demonstrei solidariedade. O difícil e valioso exercício da empatia.

No Código Penal brasileiro há um conceito chamado "perdão judicial". A lei prevê que, "na hipótese de homicídio culposo, o juiz poderá deixar de aplicar a pena, se as consequências da infração atingirem o próprio agente de forma tão grave que a sanção penal se torne desnecessária". A minha primeira formação foi em Direito, e lembro que o professor, ao explicar o perdão judicial, utilizou o exemplo de uma atriz famosa que atropelou e matou um dos próprios filhos, à época com 12 anos, enquanto tirava o carro da garagem. O juiz, no caso em estudo, não aplicou a pena, por entender que o próprio crime já trazia dor demais àquela mulher; não fazia sentido imputar-lhe uma punição adicional. Acontece que, na relação com os filhos, não somos tão compreensivos e empáticos. Eles erram, sofrem com o erro, e nós agravamos essa dor com diversos "Eu avisei, agora bem feito!". Você se imagina dizendo algo assim a uma amiga que está sofrendo por uma traição? Ou a um amigo que perdeu o emprego porque cometeu um erro? Mas os adultos falavam assim conosco, e nós interiorizamos essa fala como a forma correta de tratar a nós mesmos quando somos menos que perfeitos. Então seguimos nos maltratando quando mais precisamos de carinho.

Não sei que erros você cometeu nas últimas horas. Se gritou com o seu filho ou com a sua filha, se deixou de entregar um trabalho importante, se esqueceu de comprar o remédio da sua mãe. Sei que errou. Como eu. Como todo o resto da humanidade. E independentemente do seu erro, a sua intenção não era ruim. Você não pensou: "Vou gritar bastante com essa menina, vai fazer terapia até morrer!", ou: "Vou deixar esse trabalho de lado e espero que a equipe inteira sofra com o meu erro!" E acredito que também não pensou: "Vou deixar de comprar o remédio porque quero que ela passe muito mal!" Salvo raríssimas exceções, a sua intenção foi boa. Você queria acertar. Pode ser que a sua filha não conheça a sua intenção, que a equipe não perdoe o seu atraso e que a sua mãe ache que foi falta de amor, mas você conhece as suas intenções, pelo menos as conscientes. Você sabe que queria o bem. Por que, mesmo sabendo disso, se trata como se fosse uma pessoa ruim? Por que segue acreditando que os seus erros definem quem você é e o tornam uma pessoa menos merecedora de amor e respeito? Por que segue se maltratando quando mais precisa de um abraço e carinho?

COMO PRATICAR?

Decidir vivenciar a autocompaixão não é uma escolha fácil e única. É uma escolha que fazemos e refazemos todos os dias. É observação contínua. Porque a nossa voz interior, os nossos padrões virão com força nos empurrando para as falas de sempre: "Eu só faço besteira!", "Tenho que quebrar a cara para ver se aprendo!", "Eu não tenho jeito!". E é um exercício diário respirar fundo, sentir o ar entrar e sair das narinas e, conscientemente, mudar o rumo da prosa. Usar novas palavras. Reconhecer que essa voz que acusa apenas não sabe exprimir a sua preocupação de outro jeito. "Estou triste, não gosto de falhar com as pessoas que amo. Agi de uma forma que eu não gostaria, mas isso não muda o fato de que sou uma pessoa suficientemente boa, que merece amor, carinho e respeito."

Quando nos acolhemos, quando aceitamos as nossas falhas, reconhecemos a dor e a nossa boa intenção, nos sentimos mais capazes de agir de maneira melhor. Bons comportamentos surgem de bons sentimentos. E o acolhimento e a confiança em nós mesmos são sentimentos geradores de comportamentos maravilhosos. Tratar-se com respeito não é um caminho fácil e simples. Mas é potente e transformador. Comece praticando. Um dia por vez.

AS PEQUENAS ALEGRIAS DA VIDA

Pergunte a pessoas que perderam um ente querido do que elas sentem mais saudade. Posso afirmar, com segurança, que a resposta não vai envolver os prêmios que a pessoa ganhou, ou os grandes acontecimentos da vida. Quando perdemos alguém, o que mais dói é a saudade das coisas comuns. Do corriqueiro. Do simples, que acontece todo dia.

Do cheiro do sabonete que tomava a casa após o banho. Do som da gargalhada. Do sabor do tempero. Do comentário perspicaz que só ele sabia fazer. Do abraço que só ele tinha. É isso que marca. São essas lembranças que apertam o peito e fazem faltar o ar. Quanto das pequenas alegrias da vida você tem se permitido experimentar? Quanto tem aproveitado do privilégio de estar vivo ou estar viva? Será que a anestesia para a dor tem tirado também a sua sensibilidade para valorizar o que precisa ser valorizado?

Uma excelente forma de fazer as pazes com os nossos sentimentos é estarmos atentos aos presentes corriqueiros. Comemorarmos as pequenas vitórias. O dia de paz depois de uma semana enlouquecedora. O filme em família. O cheiro de bolo assando no forno. O grito que quase saiu, mas que se transformou em respiração profunda ou em canção. A beleza da covinha que se forma na bochecha do pequeno quando ele sorri.

Quando foi a última vez que você se abriu para os pequenos prazeres da vida? Qual foi a última vez que sentiu o calor da mão do seu filho tocando a sua pele? Qual foi a última vez que sentiu a água do chuveiro percorrer seu corpo e ficou ali, presente, em vez de simplesmente pensar nos boletos e contas vencidas e ainda por vencer? Quantas vezes, de propósito, aproveitou o dia?

Ajustar as nossas expectativas às nossas possibilidades atuais é um gesto de autocuidado. De carinho e respeito por quem somos e pela nossa história. Falaremos de forma mais aprofundada sobre o tema nos capítulos adiante. Enquanto isso, hoje, ao fechar este livro, se comprometa a fazer as pazes com o que sente. Com o que vive em você. Todos os sentimentos são importantes e aceitos. E só conscientes disso podemos fazer as melhores escolhas sobre como agir. Mais uma vez: tudo bem sentir.

RESUMO DO CAPÍTULO

- A vida não vai parar e esperar que tudo esteja bem e tranquilo para que possamos educar os nossos filhos. Temos que cuidar deles enquanto sentimos medo, angústia, frustração, tristeza e tantos outros sentimentos. Brigar com o que sentimos não vai facilitar a nossa missão.

- Não escolhemos a força das ondas, o tom da música ou as cartas do jogo. A vida mandou, a gente aprende a lidar com o que ela manda. Decidimos como vamos navegar, que passos vamos dar, que jogadas vamos fazer.

- Os sentimentos fazem parte da vida. Não são aplicativos que podemos desinstalar ou desativar. São tão humanos quanto a vontade de fazer xixi ou a sensação de frio.

- Nós aprendemos que existem sentimentos bons e ruins e que os ruins não deveriam existir. Também aprendemos que os sentimentos não são confiáveis, são sinônimo de fraqueza e descontrole e nos fazem menos merecedores de amor, carinho e respeito.

- O que aprendemos sobre os sentimentos traz consequências difíceis de lidar. Nós nos entorpecemos, culpamos o outro pelo que sentimos, fugimos da nossa dor e não ofertamos a nós mesmos o cuidado de que precisamos. Ficamos infelizes.

- Lágrimas emocionais possuem substâncias analgésicas naturais. São sabedoria do nosso corpo. E nós impedimos que elas fluam e cumpram a sua missão. Quer viver mais feliz? Permita-se chorar mais. Chore até que o alívio venha em forma de suspiro.

- Autocompaixão é ter a consciência de que vamos fazer besteira, pisar na bola e agir de maneira contrária à que consideramos a melhor, mas continuar nos amando e valorizando apesar disso. É entender que um erro não nos define, que somos maiores e mais complexos do que um ato, gesto, palavra ou momento. Autocompaixão é reconhecer que somos imperfeitos e que está tudo bem.

- Uma excelente forma de fazer as pazes com os nossos sentimentos é ficar atentos aos presentes corriqueiros e comemorar as pequenas vitórias.

FAZENDO AS PAZES — COM — QUEM SE É

2

Venho de uma linhagem de gente brava. O meu pai, os meus tios, grande parte dos meus primos, todos estão acostumados a explosões de raiva. Lembro de, volta e meia, o meu pai ter de viajar até a cidade onde vivia o meu avô para resolver problemas causados por ele e suas brigas. Cresci sendo a que não leva desaforo para casa. A que fala o que pensa. Brava. Nervosa. E ser brava e nervosa não era uma coisa legal. "Ninguém gosta de gente nervosa assim." "Nenhum homem vai querer se casar com você." "Você não pode ser assim!" Mas onde fica o botão "deixar de ser assim", que eu nunca o encontrei? À medida que crescia, fui aceitando que ser brava me definia e fim de papo. Tinha convicção de que deveria ser mais calma e tranquila, mas acreditava com a mesma convicção que nunca conseguiria ser diferente. Então, o melhor era me acostumar a brigar volta e meia e fazer muita força para segurar a raiva perto das pessoas que eu amava, porque não queria que elas se afastassem de mim.

No final da gestação do meu primeiro filho, Miguel, eu decidi que não bateria nele. Que os castigos físicos e psicológicos não podiam fazer parte da nossa vida. O grande problema era: como a menina brava vai conseguir educar sem bater? A resposta parecia simples. Preciso virar uma pessoa mais calma. E no primeiro ano de vida do pequeno, eu consegui segurar a raiva de uma forma que nunca havia feito. Quando Miguel tinha pouco mais de 1 ano, descobri a segunda gestação. Quase enlouqueci. Como eu daria conta de educar duas crianças? No meio do caos da descoberta, dos meus medos, da minha ansiedade, a máscara da mãe tranquila caiu. E um dia, não me recordo o que Miguel fez, mas perdi a paciência, trazendo à tona toda a raiva represada. Segurei os braços dele com força, enquanto o coração parecia querer saltar pela boca. O meu corpo tremia e eu apertava os lábios tentando conter a explosão. A mente, acelerada, me dizia que aquela era eu. Violenta. Grosseira. Nervosa. Soltei os braços dele e corri para o banheiro. Liguei para a minha irmã, chorando a ponto de mal conseguir falar.

> — Eu não nasci para esse negócio de ser mãe. Gente nervosa como eu não deveria ter filhos. Um dia eu vou fazer uma merda muito grande. Coitado desse menino, coitada dessa menina que está na minha barriga.

Chorei mais um tanto, me acalmei e saí, me sentindo a pior das mães, o pior dos seres humanos. Mães são doces e gentis, e eu tinha acabado de sentir vontade de bater no meu filho até a mão doer. Quando cheguei na sala, ele estava sentado no sofá. Eu me aproximei, culpada e frustrada. Vi que a força que fiz para conter a minha raiva havia machucado o meu filho. Minhas unhas haviam deixado marcas nos braços dele. Enquanto eu me julgava um pouco mais, Miguel olhou para o braço, olhou para mim e disse:

> — Mamãe, a gente tem que cortar a sua unha!

Aquele menino havia visto a minha face que nunca apareceu no Instagram. Que nenhuma amiga viu, que escondo até de mim mesma. Ele viu. E continuava me amando. Quando engravidamos, escutamos que os filhos despertam o nosso melhor. Esquecem, no entanto, de nos dizer que despertam também o nosso pior. Que em uma relação tão intensa e simbiótica, as máscaras não se sustentam. Que nos deparamos com as nossas luzes e sombras. Aquele dia mudou a minha história. Mudou o meu relacionamento comigo mesma. Ele continuava me amando. Eu precisava me amar também. Sem condições. Sem "vou me amar quando eu for mais calma", sem todos os "tem que" que havia aprendido ao longo da vida. Parar de brigar com a minha raiva me fez compreender que sou muito maior que ela. De todas as coisas que vamos tratar neste livro, peço que guarde este capítulo no seu coração. Brigar com quem somos só causa dor e frustração. Faça as pazes com quem você é. Esse é o maior presente que você pode se ofertar.

NEM BOM, NEM RUIM

Como eu disse, no primeiro ano de vida de Miguel, eu falava baixo e de maneira tranquila. Estudava dia e noite para lidar com o desenvolvimento emocional dele. Havia parado de trabalhar, e o meu filho era o meu grande projeto de vida. E eu acreditava firmemente que, se seguisse a cartilha, teria um filho calmo e tranquilo. Um pequeno Buda. À medida que o pequeno crescia, no entanto, eu via o que não queria ver. Brinquedos lançados longe na hora de frustração. As mãozinhas fechadas e o rosto vermelho nos momentos de contrariedade. Era ela: a raiva. Aquela contra a qual eu sempre havia lutado. A que sempre acreditei me fazer menos merecedora de amor, carinho e respeito. O meu pequeno Buda estava mais para Wolverine. E a minha mente me dizia que ele havia herdado o meu gênio ruim.

Fazer as pazes com quem sou, incluindo a parte brava, me fez enxergar de maneira mais amorosa as características do meu filho. Sim, ele tinha um tanto da agressividade que sempre vivera em mim. Mas ele era outra pessoa e tinha outra história. E eu me esforçava para mostrar que tudo bem sentir raiva, que precisamos apenas tomar cuidado com a forma de externá-la. Meu filho podia até ter herdado uma característica minha, mas não precisava herdar os meus julgamentos, dores e ansiedades a respeito dela. As ocasiões em que bati nos meus colegas, gritei no mercado, briguei no trânsito não foram resultado de quem eu sou, mas sim do fato de eu não saber lidar com quem eu sou. A raiva, por si só, não é capaz de ferir ninguém. Não saber como agir diante dela, sim.

Passamos anos e anos ouvindo que não deveríamos ser como somos ou que não deveríamos ser quem somos. Nervosa demais, ansioso demais, lento demais, apressada demais, faladeira demais, tímido demais. A mensagem era sempre a mesma: não somos suficientemente bons. Precisamos de ajustes, de consertos. E aprendemos a brigar diariamente com nós mesmos. Eu não seria capaz de listar quantas vezes, durante um evento ou consultoria, escutei "infelizmente eu sou...", seguido de uma característica absolutamente humana e normal, mas que a pessoa acreditava que nela era uma aberração, responsável pelos males da sua vida.

Nenhuma característica é boa ou ruim por si só. Todas têm as suas potencialidades e as suas fraquezas. Aprender a olhar para cada pedacinho nosso com esse respeito e essa leveza transforma a vida. A agressividade, que sempre odiei em mim, também me faz enfrentar meus medos. Alimenta o meu senso de justiça e honestidade. O mesmo acontece com Miguel. A sensibilidade que volta e meia julgo excessiva em Helena faz com que ela seja dotada de uma inteligência social impressionante. Conhecer as nossas características e simplesmente entender que elas são o que são nos faz mais potentes. Esse é o primeiro passo para termos uma relação mais pacífica e amorosa conosco: entender que as nossas características têm a cor que damos a elas. São neutras, nem boas nem ruins. Simplesmente são o que são.

Acontece que aprendemos a encarar apenas o lado ruim do que somos. Com a intenção de evitar sofrimentos futuros, os nossos pais nos criticavam e apontavam o que deveríamos mudar, quem deveríamos ser. Quais características nossas precisavam desaparecer para que fôssemos considerados bons e adequados. Enquanto esses "defeitos" eram vistos sob lentes de aumento, na maioria das vezes as qualidades e os pontos positivos passavam despercebidos. "Não fez mais do que a obrigação" era frase presente em muitas e muitas famílias. É difícil enxergar a si mesmo com gentileza e amorosidade quando herdamos dos nossos pais o olhar crítico e cheio de cobrança com o qual éramos mirados diariamente. É difícil enxergar a nós mesmos para além dos nossos erros e falhas quando eles eram citados e relembrados com frequência, mesmo quando acertávamos. "Finalmente se comportou! Já estava perdendo as esperanças." "Olha só, o quarto está arrumado. Vai chover!" Nem mesmo nos momentos em que buscávamos atender as expectativas, as nossas falhas eram esquecidas. Acostumados a receber críticas ainda mais pesadas dos seus pais, os adultos que nos criaram também feriram a nossa autoimagem. Mas agora temos a oportunidade de limpar as lentes e enxergar com mais amorosidade e clareza. Qual é o lado bom de ser você que tem passado despercebido no dia a dia?

MARTHA

A primeira vez que conversamos, Martha se queixou da filha de 5 anos. A menina, segundo ela, não a respeitava. Exigia muitas coisas, gritava demais, reclamava de tudo. A realidade era que Martha fazia qualquer coisa para evitar conflitos. Era pacifista a ponto de se anular para não ter de vivenciar o desconforto que os "nãos" poderiam provocar. Ela me dizia que queria ser mais firme, falar de maneira enfática e assertiva, mas se considerava molenga demais. Era interessante notar que ela acreditava que, para conseguir impor limites nas relações, precisava virar outra pessoa. Alguém que fosse o oposto de quem era. Conversamos sobre como ela, sendo quem era, poderia defender o que acreditava ser o melhor para si. De que maneira poderia falar, quais estratégias poderia usar. "Não é sobre quem você deveria ser, mas sobre quem você é. O que podemos fazer com as cartas que temos nas mãos?" Abandonar o que deveria ser mudou sua perspectiva. Ela aprendeu a identificar os sinais físicos do desconforto e a admitir que, às vezes, era preciso senti-los. Compreendeu que poderia dizer "não" sem necessariamente ser dura com as pessoas. E entendeu que o seu jeito leve e tranquilo a ajudava muito em diversas situações. Ela precisava apenas prestar um pouco de atenção às próprias necessidades para não ignorá-las em nome da paz mundial. O bom ou ruim está nas lentes através das quais vemos a nós mesmos, não nas nossas características em si.

ERA SÓ UMA OPINIÃO

Marcos e eu tínhamos muito em comum e, em pouco tempo de convivência, nos tornamos muito amigos. Ele era um homem generoso e sensível. Eu o considerava uma das pessoas mais bondosas que já havia conhecido. Não por ser caridoso, mas por demonstrar um coração gentil nas pequenas e grandes interações do dia a dia. Depois de um tempo de amizade, descobri que, aos olhos da família, Marcos era o extremo oposto. Chato, reclamão e maldoso. Por vezes, enquanto os pais descreviam o filho, eu me perguntava se realmente o conheciam. Nada daquilo parecia corresponder à pessoa cujas confidências eu escutava. Com o tempo, descobri que o irmão desempenhava o papel de bonzinho em casa e, como esse papel já estava ocupado, Marcos foi alocado no extremo oposto. Se o irmão lavava o banheiro e arrumava a cama e Marcos apenas arrumava a cama, isso era um sinal de que Marcos não era suficientemente bom. E assim eles seguiam desempenhando os seus papéis no teatro da família. O mais impressionante era que, por conta do personagem que representava em casa, Marcos desenvolveu diversos problemas de autoestima. Não conseguia reconhecer as suas características positivas, não enxergava a própria generosidade. Mesmo sendo um homem adulto, seguia como a criança que acreditava piamente nas palavras e opiniões dos pais. Certa vez, depois de uma interação com a família dele, fiz um comentário sobre uma situação em que os pais o haviam comparado ao irmão sem nenhum pudor.

> — Agora entendo a forma como você olha para si mesmo. Aos olhos do seu pai, seu irmão é perfeito! Nunca deu trabalho, nunca acordou de madrugada, é melhor que você em todos os esportes e até nos jogos de tabuleiro! Caramba!

A resposta dele foi apenas:

> — É, ele é bom em tudo. E eu nem percebi que meus pais tinham dito isso.

Os pais haviam passado quase trinta minutos falando das inúmeras características incríveis do irmão, e Marcos, acostumado a escutar as comparações, nem se deu conta. A fala dos pais era a verdade inquestionável. E ele seguia enxergando a si mesmo de maneira limitada e cruel.

Há uma diferença imensa entre fato e opinião. Fato é o que é. O que acontece. Aquilo contra o que não é possível apresentar argumentos. Opinião é o nosso julgamento sobre os fatos. É a lente através da qual enxergamos o que acontece. Pode ser debatida, questionada, alterada. Entre o que os nossos olhos veem e o que o nosso cérebro armazena há uma grande distância. Categorizar e julgar são capacidades necessárias à nossa sobrevivência. Precisamos guardar a informação de que determinada fruta, apesar de bonita, é venenosa. Ou de que determinada pessoa, apesar do sorriso largo, teve atitudes que nos prejudicaram algumas vezes. Armazenamos as informações em nossa mente, separadas e rotuladas, para sabermos como agir quando determinadas situações se apresentarem novamente. Essas informações nos ajudam a não repetir constantemente os mesmos erros. Isso faz parte do processo evolutivo. O problema é que, na maior parte das vezes, nos esquecemos que existe uma grande distância entre a realidade e os nossos julgamentos, e misturamos as duas coisas como se fossem uma só. Acreditamos que a nossa forma de enxergar a realidade é a realidade em si. Esquecemos que um ponto de vista é apenas a vista do ponto onde estamos.

Não somos os únicos a fazer essa confusão. Os nossos pais fizeram o mesmo. Então, quando você se negou a cumprimentar alguém que chegou em casa (fato), escutou que era tímido ou tímida (opinião). Quando fez algo mesmo depois da negativa dos seus pais (fato), escutou que era teimoso ou teimosa (opinião). Quando chorou porque estava triste (fato), escutou que era chorão ou chorona e sensível demais (opinião). Quando repetiu o prato no almoço (fato), escutou que era guloso ou gulosa (opinião). Quando disse não aos pais (fato), escutou que era uma pessoa ruim (opinião). Tudo se misturou. Você não questionou se eles estavam certos ou errados. Não se perguntou se eles sabiam o que estavam fazendo ou dizendo. Eles eram os seus pais, e você acreditou em cada palavra dita por eles. Dessa forma, opiniões proferidas de maneira descuidada viraram verdade absoluta, pedras importantes no alicerce da sua identidade. As histórias sobre você se tornaram a base para a construção da narrativa da sua vida. Assim seguimos acreditando que somos chatos, teimosos, agitados, irritados, sensíveis, desastrados, corajosos ou medrosos. Seguimos acreditando que as palavras que ouvimos nos definiam. Papai e mamãe sabem tudo; se estão falando, é a verdade. Uma criança não duvida das expectativas dos pais, mas duvida da sua capacidade de atendê-las. Ela não duvida de quem os pais são, mas duvida de quem ela é.

MIGUEL E O MACHUCADO NO PÉ

Estávamos em casa, as crianças e eu, quando Miguel machucou o pé. Pulou em um pião, que entrou no calcanhar, formando uma poça de sangue ao redor. Lidei com a situação de maneira tranquila e, após cuidar do ferimento e acalmá-lo, liguei para o pai para contar o que aconteceu. Algum tempo depois, a avó ligou, e eu contei a ela também o ocorrido. A minha irmã ligou, e eu repeti a história. No dia seguinte, o pequeno encontrou uma amiguinha e relatou o que aconteceu. O que me impressionou foi que ele contou exatamente como eu havia contado. Sem tirar nem acrescentar uma vírgula. Não disse o que sentiu, não comentou sobre a dor. Simplesmente repetiu o que contei. Como estou sempre atenta ao que falo sobre eles, o meu relato havia se resumido aos fatos: Miguel pulou, havia um pião no chão, que entrou no pé, causando um ferimento, do qual eu cuidei. Ele estava bem. Sem dizer que ele havia sido medroso ou corajoso. Sem adjetivos para descrever a organização dos brinquedos. Sem atribuição de culpa. Se outros detalhes e palavras tivessem feito parte da minha narrativa, ele teria acreditado e reproduzido, sem pestanejar.

Tudo o que você escutou sobre você até hoje foi apenas a opinião de alguém. Uma opinião. Uma opinião de alguém que tinha toda uma história de vida para além de você. Que tinha seus próprios medos, anseios, feridas e dores. Uma opinião de alguém que carregava os próprios rótulos. As lentes que miravam você estavam embaçadas. Tinham marcas e arranhões que impediam de enxergar com clareza. De onde vieram as palavras que você utiliza para se definir? Quando começou a acreditar que era uma pessoa intensa demais, teimosa demais, tímida demais? Consegue se lembrar? Quando crianças, não sabíamos que os nossos pais projetavam em nós o seu mundo interno. Não tínhamos o discernimento necessário para diferenciar o que era nosso e o que era deles. Herdamos as suas histórias e narrativas como se fossem nossas, não apenas no que dizia respeito a quem éramos, mas também no que dizia respeito a todo o resto. A maior parte das nossas lembranças de infância está contaminada pelo olhar dos nossos pais, como a história de Miguel e do machucado. Repetimos as suas opiniões e os seus olhares como se correspondessem à vida em si. Acontece que agora já somos capazes de separar as coisas, por mais difícil que pareça. Agora você pode finalmente começar a compreender que quando diziam que era uma pessoa teimosa, chata, ansiosa, dentre tantos outros adjetivos, isso não era uma verdade, como a cor da sua pele ou a sua altura. Agora você é capaz de ver a si mesmo com os seus olhos, não com os olhos alheios. Muito além de perceber que as suas características não são boas ou ruins, você precisa entender que a maioria delas nem sequer existe de fato; são apenas a fala de alguém que não sabia separar o que é fato do que é opinião.

Pode ser que você esteja, neste momento, pensando que sim, algumas das suas características não são realmente verdadeiras, mas histórias contadas pelos seus pais. Mas que muitas delas correspondem à verdade, são o que são. E você as odeia. Não sabe lidar com elas e gostaria apenas que fossem diferentes. E cá estou eu, para lembrar que você é maior do que elas. Que nenhuma característica isolada é capaz de definir quem você é. Ninguém é uma coisa só. Todo rótulo é uma prisão. Somos mansões enormes, complexas, cheias de quartos, cômodos, varandas e porões, mas estamos acostumados a viver em apenas um cômodo, que mal nos comporta.

Fomos empurrados para dentro do quartinho de bravo, ansioso, tímido. E deixamos de explorar a nossa capacidade de encontrar a calma, a temperança, a expansão. Somos muitas coisas. Mas fortalecemos aquilo que ganhou atenção por toda a vida. E acreditamos que somos apenas um cômodo de nós mesmos. Pequeno, estreito, apertado.

Como era rotulado de chato e egoísta, meu amigo Marcos não conseguia enxergar que era bem mais do que isso. Não conseguia enxergar que dominava vários jogos, era bom em futebol e tinha uma memória impressionante. Quando digo que sou brava, esqueço que também sei escutar, sou muito leal aos meus amigos e sou uma companhia divertida. Não há uma única palavra capaz de definir a complexidade e a imensidão do que somos.

BANDEIRA BRANCA

No dia em que decidi aceitar a raiva e a agressividade como partes de mim, tive mais dúvidas que certezas. Como eu ia fazer isso? Como ia parar de lutar contra a raiva? E se parar de lutar contra ela me transformasse em uma fera descontrolada? As únicas coisas que eu sabia fazer eram brigar, pensar que eu não deveria ser assim e me julgar cada vez que agia de maneira contrária à que eu julgava correta. Depois de uma vida inteira procurando o botão "deixar de ser assim", eu estava finalmente pronta para desistir. Mas não fazia ideia de como começar.

O primeiro passo foi buscar entender como eu funcionava. Escutamos tantas certezas a nosso respeito que perdemos a curiosidade. Achamos que simplesmente sabemos quem somos, mas a realidade é que há sempre muito a aprender. E eu precisava entender como a raiva chegava, a fim de elaborar estratégias para lidar com ela. Lembro que a minha avó sabia quando ia chover, e isso sempre me impressionava. Uma mulher analfabeta, que não tinha televisão e nenhum contato com meteorologia. A bem da verdade, ela não sabia nem sequer pronunciar essa palavra. Mas sabia quando a chuva viria, e preparava a casa. Tirava as roupas do varal, prendia os animais. Uma vez, perguntei como ela sabia quando se preparar para a chegada da chuva.

— É o vento, minha filha.

Passei a aguçar os meus sentidos, como a minha avó. Sentar e reclamar porque a tempestade viria não era muito útil; eu precisava aprender o que anunciava a sua chegada e me preparar. Já que a chuva viria, eu não queria ser pega de surpresa. E essa atenção aos meus sinais me presenteou com algo que os anos de briga nunca me proporcionaram: a autorregulação.

Dividi a chegada da raiva em três estágios. No primeiro, o meu coração acelera e a respiração muda. Esse estágio é sutil, e por toda a minha vida passou despercebido. Eu só sabia que estava com raiva quando já estava xingando e chamando alguém para a briga. Então entendi que, antes da explosão, havia sinais que me alertavam sobre a necessidade de me afastar e me regular. Eu só precisava ficar atenta para identificá-los. No segundo estágio, além dos sinais anteriores, os meus músculos se contraem. Temos, todos os animais vertebrados, uma região em nosso cérebro que regula as nossas reações mais primitivas, que nos faz lutar ou fugir ao menor sinal de perigo. O meu cérebro, em regra, me faz lutar. E o meu corpo se prepara para o combate. As mãos se abrem e se fecham com certa rapidez, os músculos das costas e dos braços ficam tensos. Os pensamentos se aceleram. No último estágio, além de todos esses sinais, sinto a cabeça doer e o estômago queimar. Confesso que conhecia apenas esse estágio e acreditava firmemente que passava da calmaria a ele em segundos. Mas a realidade era que os sinais eram enviados, mas eu estava ocupada demais brigando com quem sou para percebê-los.

Agora que eu entendia os sinais, podia criar um plano de ação para quando eles surgissem. O que funcionava para me acalmar? De que forma eu podia lidar com a raiva em cada estágio? Iniciei a fase dos testes. Descobri que, no primeiro estágio, praticar respiração profunda e consciente tem um efeito muito bacana. No segundo, preciso de movimentos físicos. Dançar, lavar as mãos, bater palmas. No terceiro, além dos movimentos físicos, preciso vocalizar. Cantar, gritar. Passei então a identificar os principais gatilhos para a raiva: necessidades físicas não atendidas (fome, sono, cansaço), frustração e vergonha eram os principais. Eu, que achava que sabia tudo sobre mim, descobri um universo interno até então desconhecido. Não posso dizer que as descobertas foram rápidas. E que descobrir e pôr em prática são sinônimos. Uma vida inteira brigando com as minhas características tinha deixado marcas. Mas eu não dizia mais, internamente, que não deveria ser quem era. Que não tinha jeito. Com o tempo, percebi que havia passado a me regular mais rapidamente. E que já não era qualquer coisa que me tirava do sério. Parei de reclamar da chuva e aprendi a perceber o vento.

Talvez a sua característica que mais causa angústia não seja a agressividade. Talvez seja a passividade, a lentidão, a teimosia. Não importa se você nasceu com ela ou se ela faz parte de um personagem que você desenvolveu como estratégia de sobrevivência, brigar com quem você é não vai melhorar as coisas. Presenteie-se com a curiosidade. Quais são os sinais que o seu corpo envia para avisar que você vai agir de determinada maneira? Quais são os pensamentos que demonstram que o padrão vai se repetir? Que estratégias pode usar para que ele não se repita? E, caso as coisas saiam do controle, o que pode ser feito para que retornem ao esperado? Percebe que procurar o botão "deixar de ser assim" não nos fornece nenhuma dessas informações? Que uma educação focada em moldar a personalidade dos filhos de acordo com as expectativas dos pais só nos torna pessoas menos conscientes e mais despreparadas para a vida?

Na época em que as guerras e os combates armados eram comuns, a bandeira branca era um sinal de que a tropa estava desarmada e queria negociar. Uma rendição ou pedido de trégua. Hora de levantar a bandeira branca. De parar de brigar e passar a negociar. De deitar as armas no chão, porque não nos levaram a lugar nenhum. Essas são as cartas que você tem em mãos. É com elas que precisa jogar. Aceitá-las pode trazer surpresas.

Mais uma vez digo que não será uma decisão fácil ou simples. Mas brigar consigo mesmo também não é. Em algumas épocas, lidar com a minha tendência a explosões de raiva é algo simples e tranquilo e chego a pensar que nem faz mais parte de mim. Em outras, tenho a sensação de que apago um incêndio a cada 20 minutos. Nessas épocas, observo com mais atenção os meus gatilhos, aumento a frequência de atividades que me fazem bem e acolho melhor os meus sentimentos. Entendo que nem a dificuldade, nem a facilidade definem o meu valor ou me tornam mais ou menos merecedora de amor e respeito. São apenas expressão das minhas necessidades e do que está vivo em mim.

Não busque a perfeição, mas a aceitação e o equilíbrio. Não esqueça, no entanto, de que equilíbrio é um eterno balançar, como um ciclista em sua bicicleta. Pende um pouco para um lado. Observa. Corrige o rumo. Volta para o centro. Segue. Opa, pende para o outro lado. Observa. Corrige o rumo, volta para o centro. Segue. Em alguns momentos, esse balançar é leve e quase não o notamos. O caminhar fica fluido. A bicicleta se guia quase sozinha. Em outros momentos, o terreno está diferente, as nossas pernas estão cansadas, a nossa atenção está longe. O balançar é forte e quase nos faz crer que não vamos conseguir. Algumas vezes, por mais prática e anos de pedalada que tenhamos, beijamos o chão em quedas homéricas. E de corpo doído, joelho ralado e lágrimas nos olhos, a vida nos pede para subir na bicicleta novamente e seguir. Equilibrando. A linha reta é a morte, a vida é dança, é balançar, é movimento. Gritou com a criança hoje? Observe. Corrija o rumo. Volte para o centro. Siga. Deixou de se posicionar a respeito de algo que era importante demais para você? Observe. Corrija o rumo. Volte para o centro. Siga. Comeu mais do que dava conta? Observe. Corrija o rumo. Volte para o centro. Siga. Educar, viver, amar, aprender. Tudo que pede equilíbrio pede movimento, atenção, coragem. Errar faz parte da vida. Pender para um lado que não é o que gostaríamos também. Lembre-se da bicicleta. Do equilíbrio. Observe. Corrija o rumo. Volte para o centro. Siga.

SEU CORPO CASA

LETÍCIA

Letícia tinha três filhos e era mãe solo. Lidar com as crianças era um desafio enorme porque, assim como eu, ela havia crescido com o rótulo de brava. Durante a consulta, perguntei quais eram os sinais físicos de que a raiva estava chegando. Ela não entendeu. Como assim sinais físicos? Ela simplesmente explodia, era tudo o que sabia. Explodia e amargava uma culpa imensa, que a deixava mais frustrada e propensa a explodir outra vez. Quando pedi que observasse o corpo, me respondeu que não conseguia. Letícia, como a maioria das mulheres, sobretudo as brasileiras, tinha uma imensa lista de descontentamentos com o próprio corpo. Era flácido demais, tinha gordura demais e beleza de menos. Era inadequado e ruim. Como escutaria os sinais do corpo, se não gostava nem confiava nele? Como poderia se conectar com algo que tinha vergonha de olhar, tocar e amar? Muito além de aprender a lidar com as próprias emoções, a bela mulher diante de mim precisava aprender algo que todos deveríamos saber instintivamente: habitar o nosso corpo, que é a nossa primeira e última casa.

Seu corpo não é o seu meio de transporte. Ele não existe apenas para levar você de um lugar para outro. Ele é maior do que isso. É a sua casa. Quando você está apaixonado ou apaixonada, o coração acelera e você experimenta o frio na barriga. É o corpo que se arrepia de excitação e quase perde a consciência durante o gozo. É no seu corpo que o abraço é vivenciado e o beijo é sentido, é o seu corpo que o carinho inunda. Esse corpo que abraça, acolhe, cozinha, anda, dança. Que dá e recebe amor. Que sustenta a sua existência. Até quando você vai negar a importância da sua casa, dando tanta importância às aparências e ao que acha que ele deveria ser? Quando você vai começar a habitar cada pedacinho de si?

Habitar o corpo, conhecendo os seus sinais, é uma ferramenta poderosa para regular a mente. O corpo é a nossa âncora no presente.

A mente pode estar em qualquer lugar ou tempo. Enquanto você está com este livro nas mãos, a sua mente pode estar na sua última viagem de férias, na praia. Ou no jantar de Natal de 2030, com filhos e netos ao redor da mesa. Ela simplesmente atravessa o tempo e o espaço. Mas o seu corpo, ele não. Ele só tem a opção de estar no presente, ocupando o espaço que ocupa. Quando nos desconectamos dele, vivemos montados nesse cavalo selvagem e desgovernado que é a nossa mente. E nos angustiamos, sofremos, perdemos a paz em meio a medos e paranoias. A vida acontece no aqui e agora.

Mas, enquanto a vida acontece, nos perdemos nas histórias que criamos diariamente. Cada um de nós tem, em sua mente, um contador de histórias. Eu poderia dizer que criamos roteiros dignos de novela das oito, mas creio que os dramalhões mexicanos fazem mais jus às nossas habilidades. O menino não atende ao que pedimos e, em instantes, somos projetados para o futuro e vemos um adolescente grosseiro e desleixado nos envergonhando. A menina se recusa a comer o almoço e já imaginamos a adulta cheia de problemas de saúde, que se alimenta apenas de *fast food* e Coca-Cola. Como estamos acostumados a acreditar nos nossos pensamentos e a achar que correspondem à verdade absoluta, deixamos que eles determinem as nossas ações. E em vez de perceber que o pequeno estava concentrado em uma atividade e por isso não nos atendeu, e que a menina, apesar de se recusar a comer o brócolis, comeu o feijão e a cenoura, nos perdemos nos nossos medos e nas nossas projeções terríveis para o futuro. Gritamos, brigamos, reclamamos e agimos de maneira contrária à que consideramos ideal. O medo nos cega.

E onde o corpo entra nessa história? Na regulação. No autocontrole. Um minuto de respiração consciente, focando no ar que entra e sai, percebendo a diferença de temperatura do ar durante esse movimento, é capaz de reduzir os níveis de cortisol, conhecido como o hormônio do estresse, no sangue. Um minuto percebendo os sinais do corpo nos tira da nossa mente. Silencia o contador de histórias que há em nós. Quando a vida está corrida, quando os dias se atropelam, quando sentimos angústia e ansiedade a ponto de quase sufocar, habitar o nosso corpo e conhecer as suas potências é a melhor saída. Caminhar, dançar, pintar, desenhar. Estar presente quando acordamos e lavamos o rosto, sentindo a temperatura da água que sai da torneira e umedece os dedos. Sentir a temperatura da mão dos filhos no momento em que nos tocam. Perceber que a vida acontece nesse instante, não em nossa mente tagarela. Que ela acontece nesse corpo que vale mais que o número do seu jeans.

Nessa jornada para conhecer melhor quem somos e onde moramos, é essencial ter consciência de que se trata de uma escolha que implica remar contra a maré. Há um mercado bilionário que se alimenta da nossa insatisfação. Segundo dados da empresa de pesquisas Euromonitor International, as vendas do setor de produtos de beleza e cuidados pessoais no Brasil alcançaram 109,7 bilhões de reais em 2018. Sabe o que isso significa? Sobretudo se for mulher, isso significa que o mercado precisa que você odeie os seus culotes e queira comprar cremes e mais cremes redutores para adequá-los ao padrão. Que é importante que você ache o seu cabelo bonito, mas que ele só será maravilhoso se for exatamente igual ao da atriz da novela e, para que isso aconteça, você precisa usar aquele produto inovador feito com a matéria-prima mais incrível de todos os tempos que até ontem não sabíamos que existia. Não gostar do seu corpo é essencial para manter uma indústria que, apesar da crise econômica e da inflação, só cresce no país. Segundo a Sociedade Brasileira de Cirurgia Plástica, foi realizado mais de 1,7 milhão de procedimentos cirúrgicos no país em 2018, 60% dos quais para fins estéticos. A cirurgia plástica surgiu para reparar danos causados por acidentes e doenças, no entanto, mais da metade dos procedimentos é realizada por motivos estéticos! Somos o segundo país no ranking dos que mais realizam cirurgias plásticas no mundo, perdendo apenas para os Estados Unidos. Aumento de seios, lipoaspiração, cirurgia de pálpebras e rinoplastia lideram os procedimentos mais realizados. Não estou criticando quem se submete ou não a um procedimento, mas convidando você a perceber que existem inúmeros fatores que fazem com que você considere o seu braço gordo demais ou magro demais. Que enquanto você segue com a sua vida, as multinacionais convocam reuniões durante as quais dados e mais dados são apresentados, buscando a forma ideal de fazer você acreditar que precisa, urgentemente, do próximo produto que a marca vai lançar.

Se somarmos a isso a educação que recebemos, que nos distanciou do nosso corpo e das nossas sensações físicas e nunca nos ensinou a cuidar da nossa casa por amor, temos a combinação perfeita para a insatisfação. Crescemos escutando que não podemos confiar no nosso corpo, que precisamos raspar o prato e tomar banho, caso contrário, quando a tia vai nos beijar estaremos com cheiro ruim. O foco sempre foi o que o outro vai pensar, o que vai achar de nós, se vai nos amar ou não. Para as mulheres, a questão do peso era triplicada, pois precisamos estar magras, sorridentes e belas, mesmo que isso custe o nosso conforto e a nossa felicidade. Um prato cheio para a indústria, não? Seu corpo é maior que a sua aparência. É mais que dois ou três dígitos na balança. É mais potente do que uma boa pose no *feed*. Cuide dele. Ame-o. Respeite-o.

Mas como fazer isso? Como levantar a bandeira branca também nessa relação? Buscando a consciência. Questionando a nossa mente, ganhando perspectiva sobre as situações. E aceitando que há um longo caminho de aceitação a ser percorrido, um passo por vez. Passei anos brigando com a balança. Não importava o número que aparecesse nela, eu o considerava alto demais. Emagrecer foi o foco de uma vida inteira. Meu peso oscilou tanto que não sei mensurar. Lembro da minha primeira dieta, aos 13 anos. A dieta da sopa. De lá para cá foram muitas. Dos pontos, da lua, da laranja, *low carb*, paleo, Atkins. Inúmeros planos alimentares. Todos funcionaram, por um tempo. Em todos emagreci, mas voltei a engordar. Quando engordei pela última vez, em 2017, decidi que não conseguiria mais seguir uma dieta. Chorei de cansaço, de exaustão. Derrotada e frustrada porque, entre os jogos desse mercado bilionário, a jogada de mestre é culpar a sua força de vontade por não se adequar ao padrão. Na busca por uma forma consciente e amorosa de cuidar de mim, encontrei a nutrição comportamental. E descobri que não conhecia a minha fome nem a sensação de saciedade. Tantos anos focando em comer tudo que estava no prato tinham me afastado do meu sensor natural que me dizia que já havia comido o bastante. Eu não conhecia o meu corpo; a maioria de nós não conhece. E, assim como fiz com a raiva e com as minhas emoções e características, passei a ter curiosidade em vez de certeza. Compaixão em vez de rancor.

Não é possível ter uma relação de consciência e amor por si sem estar em harmonia com o corpo. Sem ter atenção à respiração. Sem estar atento ao que se come e à maneira como essa comida é recebida. Nesse processo de me observar, descobri que doces em excesso me dão ressaca. Primeiro fico feliz e eufórica, mas um tempo depois sinto desânimo e tristeza. Nenhuma dieta seria capaz de me contar isso. Só fazendo as pazes com o meu corpo eu aprendi a lidar com ele. Comecei a me exercitar por amor. Massageio os pés ao final do dia, agradecendo a essa casa por ter me abrigado por mais 24 horas. Qual foi a última vez que você massageou os seus pés? Qual foi a última vez que tocou amorosamente o seu corpo, agradecendo por tudo que ele é capaz de fazer? O que está esperando para começar hoje, agora, neste momento?

TUDO BEM SER VOCÊ

Há algum tempo, quando realizava *workshops*, começava sempre com a mesma frase, de autoria de Herb Gardner: "Quero que ele conheça exatamente a coisa especial que ele é, senão não perceberá quando ela começar a ir embora. Quero que ele permaneça desperto [...] e veja as possibilidades mais loucas. Quero que ele saiba que vale a pena fazer de tudo só para dar um pequeno pontapé no mundo quando se tem a chance. E quero que ele saiba a razão sutil, fugidia e importante pelo qual nasceu um ser humano, e não uma cadeira." Depois de recitar a frase, perguntava aos participantes quem, naquela manhã, havia se lembrado da razão sutil, fugidia e importante pela qual havia nascido um ser humano, e não uma cadeira. Ninguém, em nenhum dos eventos, levantou a mão.

Nós nos acostumamos a ver a nós mesmos como cadeiras. Achamos que, se lixar aqui, desempenar ali, trocar o assento e alguns detalhes, ficaremos perfeitos. Mas não somos cadeiras que precisam de consertos e ajustes. Somos humanos, por mais que não tenhamos aprendido isso. Com a intenção de nos preparar para a vida, os nossos pais achavam que podiam nos moldar de acordo com as suas expectativas. E se esforçaram para nos encaixar em suas formas e padrões. No próximo capítulo, vamos falar sobre o conceito de infância e suas repercussões na forma como fomos educados, mas preciso que você entenda, desde já, que havia — e de certa forma ainda há — uma visão de que nascemos como livros em branco. Que os pais são capazes de determinar como os filhos devem agir, falar e ser. E os nossos pais acreditavam que essa era a sua missão. Determinar quem somos. Nos moldar. Como marceneiros, lixaram, cortaram, encaixaram. E assim seguimos esquecendo a razão sutil, fugidia e importante pela qual nascemos humanos, não cadeiras.

O filho que idealizamos não nasceu. A criança que gestamos ou adotamos e para a qual fizemos planos e cultivamos sonhos não veio ao mundo. Esse ser que educamos é alguém único; nunca houve nem nunca haverá ninguém igual. Não interessa se você tinha uma fôrma quadrada, perfeitamente idealizada e calculada; se recebeu uma estrela-do-mar para criar, é com ela que vai conviver e é ela que precisa amar. Tentar encaixar a estrela-do-mar em sua fôrma quadrada vai exigir esforço e energia descomunais. E vai machucar e ferir a estrela, que nada tem a ver com as suas expectativas. Acontece que, infelizmente, os nossos pais não tinham essa consciência. A maioria de nós tem marcas profundas dessa tentativa de encaixe em fôrmas nas quais não cabe. Acreditamos que as expectativas deles eram os padrões aos quais deveríamos nos adequar e sofremos e duvidamos das nossas capacidades. Passamos a acreditar que não somos bons o suficiente e que só seremos amados, aceitos e acolhidos quando mudarmos. Cadeiras e marceneiros.

Você não nasceu para fazer os seus pais felizes. Não existe para dar orgulho a quem quer que seja. Você nasceu para ser você. Para se amar, para colocar os seus dons e talentos a serviço do mundo.

Para crescer com a comunidade, se relacionar com o outro sem desrespeitar os seus limites. Você nasceu para amar, sorrir, chorar, crescer e evoluir. Não para se adequar a um padrão criado por alguém que também nasceu para amar a si mesmo e não sabe disso. Tudo bem ser você. Com essas características, com esses sentimentos, com esse corpo. Tudo bem. Você não será capaz de encontrar calma e tranquilidade, de educar respeitando o outro e a si mesmo ou a si mesma se estiver brigando com quem é, diariamente.

Tudo o que você leu até aqui não vai mudar a sua relação com quem você é imediatamente. Isso vai exigir tempo e treino. Vai exigir que você acolha a dança da vida, que aceite o equilíbrio que é movimento. Quando a voz julgadora — que está acostumada a violentar o seu coração toda vez que você erra e é menos que perfeito ou perfeita — aparecer, respire. Respire por pelo menos um minuto. Sinta o ar entrar e sair, ancore-se no presente. Lembre que são os seus medos gritando alto. E diga para si mesmo ou para si mesma que, não importa o que faça ou diga, você é alguém especial, que merece amor, carinho e respeito. Não importa o tamanho do erro ou da falha. Chore a sua frustração, assuma a responsabilidade e repare o que for necessário. E jamais esqueça que ser você é o bastante. Que há uma razão sutil, fugidia e importante pela qual nasceu humano, não cadeira.

RESUMO DO CAPÍTULO

- Brigar com quem somos só causa dor e frustração. Faça as pazes com quem você é. Esse é o maior presente que você pode se ofertar.
- O primeiro passo para uma relação mais pacífica e amorosa consigo mesmo é entender que as nossas características têm a cor que damos a elas. São neutras; nem boas nem ruins. Simplesmente são o que são.

- Grande parte das palavras que você utiliza para definir quem é trata-se apenas a opinião dos seus pais ou cuidadores que você acreditou corresponder à verdade. Uma criança não duvida das expectativas dos pais, mas, sim, da sua capacidade de atendê-las. Ela não duvida de quem os pais são, mas, sim, de quem ela é.

- Não há uma única palavra capaz de definir a complexidade e a imensidão do que somos.

- Ninguém é uma coisa só.

- Substitua a certeza pela curiosidade e descubra como você funciona. Dessa forma, estará utilizando melhor a sua energia do que se seguir procurando o botão "deixar de ser assim".

- O seu corpo é a sua casa. Uma boa relação com ele, além de fortalecer a autoestima, cuida da saúde mental e auxilia na regulação das emoções.

- Você é bom o suficiente. Você é boa o suficiente. Merece amor, carinho e respeito sendo quem é. Há uma razão sutil, fugidia e importante pela qual nasceu um ser humano, e não uma cadeira.

FAZENDO AS PAZES COM O PASSADO

O evento acabou e, na fila para que eu autografasse seu exemplar de *Educação não violenta*, uma mulher parecia nervosa. Mexia as pernas, roía as unhas. Entre um abraço e outro, eu observava, de longe, a inquietude dela. Quando chegou sua vez, Amélia me disse com um riso desconfortável:

> — Eu tenho dois filhos, um de 18 e outro de 15. O que faço agora? Fiz tudo que você falou que não devemos fazer. Rotulei, gritei, bati, mandei calar a boca quando chorava. Faço um filho novo? O que eu faço com a culpa que estou sentindo?

Abracei aquela mulher com todo o amor que eu podia. E a inquietude se desmanchou em choro. Por alguns instantes ficamos ali, abraçadas, em silêncio. Segurei gentilmente o rosto dela e disse que sabia que ela havia feito o melhor que podia, com as ferramentas que possuía. Disse que tinha certeza de que nunca houvera, no seu coração de mãe, o desejo de prejudicar os filhos. Que ela precisava se perdoar para poder seguir em frente com mais leveza. Reconhecer os próprios esforços era o primeiro passo para fazer diferente dali em diante. Nos seus 18 anos de maternidade, Amélia ofertou aos filhos o que tinha para ofertar, como todos nós fazemos. E como fizeram os nossos pais.

Até aqui falamos sobre os nossos sentimentos e características, percebendo que, infelizmente, não aprendemos a cuidar deles com o respeito que merecem. Por vezes, olhar para a nossa história nos faz culpar os nossos pais. Eles podiam ter sido diferentes, podiam ter cuidado melhor de nós. Eles, eles. Neste momento, convido você a deixar esse pensamento arrogante de lado. A olhar para a sua história de maneira mais abrangente e compassiva com você, com os seus pais e com todos os envolvidos. Eles fizeram o melhor que podiam, diariamente, assim como fazemos. E para seguir livre e assumindo a responsabilidade pela sua história, você precisa parar de culpá-los.

Não temos, hoje, nenhuma garantia de que a nossa forma de educar será reconhecida e aceita pelos nossos filhos como a melhor de todas. Não estou livre de, daqui a trinta ou quarenta anos, ter a minha forma de educar esmiuçada e questionada em um livro escrito por um dos meus filhos. De posse de novos estudos e conhecimentos, eles saberão coisas que hoje não sei. Esse é o curso natural da vida. Esse é o nosso processo evolutivo. Aprendemos com os que vieram antes de nós, agradecemos pelo que nos ensinaram e fazemos ainda melhor no que podemos. Nenhuma linha deste livro tem a intenção de fazer com que você acredite que é melhor ou pior do que qualquer outra pessoa. Quando acolhemos o passado como parte importante da nossa história, ganhamos a oportunidade de fazer um futuro diferente. Os seus pais cumpriram a parte deles, agora chegou a sua vez de fazer a sua. A responsabilidade por quem é e pelo que fará com isso está em suas mãos.

UMA HISTÓRIA SOBRE A INFÂNCIA

A minha mãe é canhota, mas aprendeu a escrever e fazer quase tudo com ambas as mãos. A minha avó se sentava com o chicote de couro conhecido como reio, no colo, ficava observando os filhos fazerem o exercício de casa passado pela professora e, sempre que algum comportamento fugia ao esperado, como escrever com a mão errada, o reio servia de corretivo. Pessoas normais escreviam com a mão direita, e ela queria filhos normais. Como não tinha nenhum conhecimento sobre o funcionamento do cérebro, ela achava que escrever com a mão esquerda era pirraça e desobediência. Um mau comportamento que precisava ser corrigido com uma surra. As histórias que os meus pais contam da infância me fazem chorar. Por diversas vezes pensei: "Como alguém consegue fazer isso com uma criança? Como alguém é capaz de machucar assim um ser menor e mais frágil?" A grande questão aqui é que o conceito de infância não é estático e mudou bastante ao longo dos anos. A forma pela qual enxergamos o desenvolvimento humano hoje é recente. E, antes de concluirmos que os nossos antepassados eram pessoas ruins e cruéis, precisamos contextualizar o momento social em que viveram. A sociedade é a família da família, e as suas crenças e convicções influenciam diretamente o comportamento e as ações de cada um de nós.

Para que você compreenda melhor a enorme diferença entre o que pensamos hoje sobre a criança e a infância e o que as sociedades que nos antecederam pensavam a esse respeito, vou fazer um breve apanhado desse conceito ao longo da história. Juro que é superinteressante e que vai valer a pena não pular essa parte. Aqui, vamos compreender a infância como um período do desenvolvimento e a criança como o ser humano que vivencia esse período. Usei como base um trabalho publicado pelo grupo de pesquisa Contextos Educativos da Infância, que compõe o Núcleo de Estudos e Pesquisas em Educação da Infância (Nepe), vinculado ao Programa de Mestrado em Educação, da Universidade do Estado de Mato Grosso (Unemat). Vale frisar que estamos falando desses conceitos na sociedade, já que foram eles que mais influenciaram a nossa forma de enxergar a criança. As visões indígenas e africanas não estão incluídas nessa perspectiva porque, infelizmente, foram atropeladas no período da colonização.

Pois bem, na Antiguidade Clássica, a criança era vista como um ser inferior ao adulto, e a infância era considerada apenas a época que antecedia a vida adulta, sem que tivesse qualquer peculiaridade ou exigisse algum cuidado especial. Alguns textos antigos de Platão descrevem a criança como um ser selvagem, intratável, traiçoeiro e astucioso, que precisa ser contido por muitas rédeas. Quando avançamos no tempo e chegamos à Idade Média, segundo o historiador Philippe Ariès, nos deparamos com o conceito de infância apenas como o período da vida durante o qual o ser humano ainda não falava com clareza e que se encerrava aos 7 anos. Dessa idade em diante, a criança era inserida na sociedade adulta, sem haver diferença de tratamento. Isso quer dizer que frequentava os mesmos lugares que os adultos, participando inclusive de atividades sexuais. Não existiam livros infantis nem pediatria. As crianças vestiam as mesmas roupas, sapatos e acessórios que os adultos, o que dificultava as brincadeiras, a diversão e a exploração livre. Crianças eram consideradas miniadultos e eram tratadas como tal. A taxa de mortalidade infantil era altíssima e era comum que as famílias tivessem vários filhos, na esperança de que dois ou três sobrevivessem.

Após a popularização da alfabetização, a visão da infância começou a mudar, com base nas competências de leitura. Mas foi só no século XVIII que a criança começou a ser vista como um ser único, rico em peculiaridades. As crianças ainda eram encaradas de forma muito diferente da atual, mas já era uma visão mais humana e consciente que a dos tempos anteriores.

Resumindo, as crianças primeiro eram vistas como seres indomáveis e selvagens, depois como miniadultos e só em um passado recente passaram a ser vistas como seres únicos em suas competências e em seu desenvolvimento. Até bem pouco tempo atrás, o Estado não podia interferir em absolutamente nada que dissesse respeito à relação entre pais e filhos, porque se entendia que a criança era propriedade do adulto, que tinha liberdade de agir com ela da forma que considerasse mais justa e correta. A nossa geração tem acesso à informação como nenhuma outra. Temos livros, evidências científicas, grupos de estudo. Vários e vários perfis nas redes sociais compartilhando informação. E deste lugar de privilegiado onde estamos, é fácil acreditar que todos sabem o que sabemos. Que os nossos pais não nos deram o que queríamos, da maneira que precisávamos, porque não quiseram. E nos esquecemos que, ampliando a visão, a realidade é muito mais complexa.

NINGUÉM DÁ O QUE NÃO TEM

Estávamos em um grupo pequeno, e eu guiava uma meditação durante a qual os praticantes deveriam visualizar a infância dos seus pais. Esse exercício costuma humanizar os pais de quem o pratica. Faz com que enxerguemos uma realidade que vai além das nossas feridas de infância (falaremos melhor da criança ferida no próximo capítulo). Quando encerramos a meditação, cada um contou como se sentiu diante da experiência. Ao chegar sua vez, Marisa chorou, magoada. Disse que não conseguia sentir compaixão pelos pais. Que eles tinham sido indiferentes, frios, quase cruéis. Que ainda se lembrava de toda a dor que havia sentido na infância e que eles tinham escolhido agir daquela forma com ela. Tinham escolhido. Não importava de onde tinham vindo ou qual era a sua história; ela havia conseguido ressignificar a própria história e educar os filhos de maneira amorosa, dando a eles o que não havia recebido. Por que os pais não fizeram o mesmo? Por que não se esforçaram como ela se esforçou? Marisa, profundamente machucada pelas dores da infância, não conseguia enxergar que os pais também estavam imersos em sua própria dor. De alguma forma, ao longo da vida, ela encontrou amor e apoio suficientes para dar aos filhos. Conseguiu, como a flor de lótus, brotar da lama. Nem todos conseguem. Os pais de Marisa não conseguiram. E tudo bem.

Falamos um pouco sobre as diferentes percepções da infância ao longo da história, e eu espero que você já esteja começando a entender que a sua infância foi vivenciada em um determinado contexto social. E que a dos seus pais foi vivenciada em outro. Entre uma geração e outra, muita coisa mudou. Quando digo que os nossos pais fizeram o que podiam, com as ferramentas e as possibilidades que tinham, é porque o que vivenciaram na infância foi ainda mais duro do que o que passaram para nós. Talvez os seus pais tenham apanhado com o reio, como a minha mãe. Talvez nunca tenham recebido afeto e carinho dos pais deles. Talvez nunca tenham escutado que eram pessoas bacanas, que tinham valor na família. Talvez tenham sido obrigados a assumir ainda muito cedo responsabilidades muito maiores do que eram capazes de dar conta. Fato é que tudo que ofertaram a você foi fruto de uma infância muito mais fria e dura que a sua. E no meio de toda a dor — uma dor que não era nomeada nem reconhecida, uma dor que, acreditavam, não deveria existir — eles cuidaram de você. Com toda essa dor, eles ofertaram a você o conceito de amor que podiam ofertar. Nem mais, nem menos do que era possível.

Não pense, de forma alguma, que estou diminuindo as dores que vivenciamos em nossa infância. Jamais. Para realmente aceitar os nossos pais e fazer as pazes com a nossa infância, precisamos acolher e aceitar toda a dor que silenciamos por acreditar que era normal e necessária. Não há futuro consciente sem um olhar amoroso e realista para o passado. No próximo capítulo, falaremos melhor sobre esse processo; neste momento, quero apenas que você entenda que essa é a sua história, que esses são os seus pais e que tudo o que fizeram ou deixaram de fazer não estava relacionado ao fato de você merecer amor, mas à (in)capacidade que eles tinham de ofertar aquilo de que você precisava. As atitudes, os gestos e as falas que talvez o ou a atormentem até hoje refletem o mundo interior deles. Era sobre eles, não sobre você.

E por que é tão importante fazer as pazes com a nossa história? Não podemos simplesmente ignorar todas essas memórias, trancá-las em um baú e seguir em frente? O que nos aconteceu na infância reverbera intensamente em nossa forma de ver o mundo, na narrativa que criamos para a nossa vida e, principalmente, na forma de educar os nossos filhos. Por aproximação ou por negação, estaremos usando a educação que recebemos como base para a forma como vamos lidar com os nossos filhos, os seus conflitos e as suas dores. Quando ainda estamos com o foco no passado, deixamos de educar com presença. Tentamos, através dos nossos filhos, atender às necessidades da criança que fomos, não das crianças que temos. Vou explicar melhor, separando a aproximação da negação, para que você consiga perceber os nossos comportamentos habituais.

A aproximação é muito comum e poderia ser traduzida na famosa frase: "Na minha infância foi assim e eu não morri!" Há uma geração de sobreviventes que, para lidar com toda a dor causada pela infância, acreditou no discurso do papai e da mamãe que dizia que se apanhou foi porque mereceu. Que se tratava de uma criança impossível. Que crianças precisam de palmadas e castigos para serem educadas e domesticadas. Percebe a semelhança dessa ideia com a forma de ver a criança na Antiguidade Clássica? Essas pessoas soterraram a dor e assumiram para si as falas dos pais. Não se recordam do medo que sentiam, do sofrimento, do susto, do desamparo. Não assumem que toda aquela dor teve reflexos na sua vida adulta, na sua forma de se relacionarem consigo mesmo e com o outro. Escutaram tantas vezes "você é o que é graças às palmadas que levou!" que passaram a acreditar. Não é difícil encontrar adultos assim por aí. A sensação de desamor na infância é uma dor grande demais para darmos conta, então criamos personagens para lidar com ela. Adotamos discursos que fazem a dor parecer menos desoladora. Pais podem bater nos filhos, e por isso eu apanho das pessoas que mais deveriam me proteger no mundo. Pais não acreditam nos filhos. Pais não brincam e não dão carinho. A vida é assim. Ponto final. Mais uma vez digo que não se trata de falta de amor dos nossos pais, mas de falta de capacidade de demonstrar esse amor de uma forma válida e acolhedora para a criança. Adultos que assumiram esse discurso seguem batendo nos filhos e castigando-os. Provavelmente um pouco menos do que o que os próprios pais, pois acreditam que eles exageravam, mas estavam corretos. Questionar essa forma de educar e olhar para o passado assumindo que doeu mexe com estruturas profundas. É melhor seguir acreditando que bater era a coisa a certa a fazer.

A negação nos leva para o extremo oposto e poderia ser traduzida por: "Meus pais foram duros demais comigo e quero fazer tudo diferente!" Ao contrário de quem se apegou ao discurso dos adultos, quem se encontra no lugar de negação se identifica completamente com a dor infantil. Lembra em detalhes a dor que sentiu, o medo, a ansiedade, a apreensão. Lembra-se das próprias angústias como se as estivesse revivendo e adota com os filhos o comportamento oposto. "Quero ser tudo, menos a minha mãe ou o meu pai." A maioria das pessoas que busca uma forma não violenta de educar inicia o processo nesse ponto. De buscar ser o oposto. Mas a negação funciona como um elástico tensionado, esticado ao extremo, que, em determinadas situações, se solta e se aproxima do objeto oposto a grande velocidade. É comum ouvir: "Prometi que nunca ia agir como a minha mãe e, quando vejo, estou falando exatamente como ela!" Ou: "Eu detesto a maneira como o meu pai age, mas sou exatamente como ele com o meu filho!" A negação, assim como a aproximação, nos tira a autonomia para decidir que pai ou mãe queremos ser para os nossos filhos. Impede-nos de construir a nossa história com base nas nossas crenças e possibilidades reais. É como dirigir olhando apenas para o retrovisor.

Você pode ter chegado até aqui com a intenção de ser o oposto dos seus pais, mas é importante entender que, para construir seu próprio caminho e jeito de educar, precisa olhar para trás, fazer as pazes com a sua história, separar o que é seu e o que é dos seus pais e seguir em frente. Esse é o exercício de uma vida inteira. Identificar no dia a dia o que nos move, o que está por trás da nossa forma de agir. Entender que os nossos pais nos deram o que tinham para dar não diminui a dor da infância. Não apaga o passado, não pinta de cor-de-rosa os momentos dolorosamente cinza. Mas nos liberta da raiva, da mágoa. Da culpa que carregamos e imputamos ao outro. Não há culpados nessa história. Há dores passadas de geração em geração. Há um conceito de amor distorcido transmitido como herança, de pais para filhos, há anos e anos. Eles nos amaram como podiam. Para a criança, roupas lavadas e dobradas em cima da cama não são uma demonstração de amor. Suportar os gritos do chefe e dos clientes para sustentar a família também não. A criança entende presença, carinho, colo, brincadeira, palavras de conforto. Criança precisa de um amor palpável. As abstrações adultas não são amor; não para elas. Houve amor em algum momento da sua jornada, por mais difícil que ela tenha sido. Os seus pais deram a você o que podiam dar. Deixaram transbordar o que tinham em si. Não era sobre você.

ELES NÃO SÃO OBRIGADOS

No capítulo anterior, falamos sobre quem somos e sobre a liberdade de entender que não nascemos para suprir as expectativas dos nossos pais. Somos pessoas únicas, com as nossas possibilidades e as nossas histórias. Não importa que houvesse uma fôrma quadrada nos esperando e que tenhamos nascido estrela-do-mar. Era com a estrela-do-mar que os nossos pais precisavam lidar. Também dissemos que as fôrmas que guardamos e nas quais tentamos encaixar os nossos filhos ideais servem apenas para nos frustrar e fazer os nossos filhos reais sofrerem. Tentar adequá-los a nossas idealizações é a receita perfeita para sofrer enormemente e machucá-los para o resto da vida. E é chegada a hora de abandonar mais uma fôrma. Talvez aquela à qual estamos mais apegados. A fôrma que guardamos para os nossos pais. O desejo infantil de que eles atendam a todas as nossas necessidades, da maneira que esperamos. Que mudem. Que sejam mais compreensivos e amorosos. Que enxerguem os erros do passado e nos peçam perdão. Que admitam que falharam para que, finalmente, possamos sentir a justiça e o amor que tanto esperamos. Seguimos desejando que nos olhem com o orgulho do qual achamos que somos dignos. Que digam as frases que sonhamos ouvir. E enquanto não se encaixarem nas nossas expectativas, seguiremos acreditando que são difíceis, mesquinhos, grosseiros, frios e que não nos amam como merecemos. Acontece que nos esquecemos de algo muito importante: eles não são obrigados a nada.

Quando comecei a estudar a não violência, me deparei com o peso dos rótulos. Não somente o peso dos rótulos que assumimos como rótulos (chato, teimoso, inteligente, bondoso), mas também dos rótulos que correspondem à verdade, mas que desumanizam. Dentre esses rótulos, os mais significativos e mais pesados são, certamente, "pais" e "filhos". Explico: Marshall Rosenberg, responsável por desenvolver o método da comunicação não violenta, conta em seu livro *Criar filhos compassivamente* que, em seus *workshops* para pais, realizava a seguinte atividade: dividia os participantes em dois grupos. Entregava a ambos uma situação de conflito e pedia que buscassem a solução entre si. Para um dos grupos, acrescentava uma informação: esse conflito acontece entre pai e filho. Ao final, quando se sentavam para compartilhar as soluções, o grupo que havia recebido a informação extra apresentava um diálogo bem mais violento que o do outro grupo. O teor da conversa, a forma como ela acontecia, o tom das respostas dadas e recebidas mudavam por completo pura e simplesmente porque as pessoas envolvidas estavam identificadas como pai e filho. Eles falavam a partir desses papéis, e não a partir do coração.

Enxergarmos os nossos pais apenas como pais faz com que os desumanizemos. Esquecemos que são seres humanos, com uma história própria e única. Que, além de nossos pais, são filhos, amigos, companheiro e companheira. Esquecemos que são chefes de alguém ou empregados de alguém. Que são colegas. Que têm uma vida. Proponho a você um exercício simples, mas profundo. Escreva a história dos seus pais, chamando-os pelo nome; esqueça "meu pai" e "minha mãe". Por aqui a história começaria assim: Reginaldo, um menino que cresceu no Recôncavo Baiano, junto a muitos irmãos, com um pai alcoólatra e agressivo e enfrentando dificuldades financeiras. Perdeu a mãe, que ele idolatrava, aos 10 anos. Vivenciou dores e dificuldades que eu nem saberia nomear. A outra história seria de Nilzália, uma menina que nasceu no sertão baiano, também em meio a muitos irmãos, durante uma das maiores secas que o Nordeste já viu. Caminhava horas para chegar à escola. Passou fome. Deixou a roça ainda muito nova para tentar uma vida melhor. Histórias de vida complexas. Duras. Áridas. Maiores de que apenas serem os meus pais.

Talvez você esteja pensando que eles tinham muitas obrigações sim, porque eram os seus pais. Que você não pediu para nascer e, por isso, eles tinham de cuidar das suas necessidades. Que isso é o certo. O justo. Sim, em um mundo ideal, todos os pais teriam condições emocionais e psicológicas de cuidar de uma criança da forma que ela precisa. Em um mundo ideal, todos teríamos tempo e recursos. E uma criança teria colo e carinho em livre demanda. Descobriria os limites do mundo e das relações com respeito pelo outro e por si mesma. Não teríamos desigualdade social nem violência. Seria realmente incrível e lindo. Então, sim, é injusto. E errado. Mas é o que é. Esses são os seus pais, e essa é a sua história. Eles não são obrigados a atender as suas expectativas. Eles não são obrigados a mudar o posicionamento político, o tom de voz ou a forma de agir para serem os pais que você gostaria de ter. Talvez, um dia, eles mudem a forma de lidar com você. Talvez não. E isso é sobre o que eles são capazes de fazer e oferecer. É resultado da história de vida deles, e sobre essa história de vida você tem pouca — ou nenhuma — influência. Aceite esse lugar. Viva o luto da sua idealização. Chore a realidade, se for necessário. E finalmente pare de brigar com ela.

VOCÊ NÃO É OBRIGADO/VOCÊ NÃO É OBRIGADA

Quando falo de aceitar a realidade e assumir que temos a história que temos e os pais que temos, algumas pessoas entendem que devem se sujeitar à vontade dos pais sem questionar. Que devem atender os desejos deles, porque é o seu papel como filhos. Acontece que, assim como eles não são obrigados, você também não é. Entender quais são os seus limites nessa relação e saber como estabelecê-los é um papel seu. Só seu. Como disse anteriormente, é provável que eles jamais alcancem a iluminação que você espera. É provável que não deixem de apontar as suas falhas e os seus erros, como quando você era uma criança e dependia deles para se manter viva. É provável que sigam comparando o seu comportamento ao dos seus irmãos, sem o mais remoto pudor. É provável que, após algumas visitas, você ainda saia se sentido um ser pequeno, indefeso e inadequado, como na infância. É chegada a hora de, diante disso, assumir a responsabilidade de cuidar de você.

A relação abusiva da qual temos mais dificuldade de nos desvencilhar é a relação com os nossos pais. Não estou dizendo que todos os pais são abusivos, mas os comportamentos abusivos são comuns em muitas famílias. Nos meus anos de consultoria, tenho escutado histórias que me fazem pensar: "Por que essa pessoa continua permitindo que os pais a humilhem?" Histórias que me fazem pensar em como sobreviveram à infância, como conseguem, apesar de tudo, ser funcionais. Histórias que me fazem acreditar cada vez mais na capacidade de sobrevivência e na resiliência das crianças. Pais que manipulam, mentem e normalizam os abusos psicológicos de forma a sugar toda a energia dos filhos. Violência sexual, sadismo. E mesmo adultos, crescidos, independentes financeiramente, essas pessoas seguem se submetendo a humilhações e esperando que um dia, como prova de amor, os pais enxerguem as falhas no próprio comportamento e mudem. Obedientemente submissas e pagando por essa submissão com a própria felicidade.

Quando mudamos o pensamento de "eles são os meus pais e deveriam agir de outra maneira" para "esses são os meus pais, como posso lidar com isso, com respeito por todos os envolvidos?", as possibilidades mudam. Conseguimos pensar em formas de comunicar o que sentimos, de deixar claro que o fato de serem os nossos pais não lhes dá o direito de nos desrespeitar. De nos ofender ou nos humilhar. Na maior parte das vezes, eles nem sequer enxergam que o comportamento é humilhante ou ofensivo para você. O rótulo de filho/filha desumaniza. A criança que você era não tinha permissão para responder. O adulto que você é tem, e agora tem a possibilidade de fazê-lo sem ilusões infantis. "Mãe, não gosto que comentem sobre o meu corpo. Sei que você acha que está falando para o meu bem, mas esses comentários me magoam. Por favor, quando eu chegar, me faça perguntas que não envolvam o meu peso." "Pai, escutar que não faço nada direito me machuca. Fico muito triste quando me critica assim, pois espero mais cuidado na nossa relação. Quando não gostar de algo que fiz, pode pontuar sem que isso defina quem eu sou?" Percebe que em nenhum dos dois exemplos houve ofensa aos pais? Que em nenhum deles houve uma desvalorização dos pais que eles são, com as suas possibilidades e a sua história? Aprendemos que existem apenas duas opções: surtar ou calar, e nos esquecemos que entre o 8 e o 80 existem 72 possibilidades. Defenda o seu lugar sagrado. É uma missão sua. Importante. Única. Especial. Os seus pais vão concordar e ficar felizes com esse limite? Provavelmente não. Será incômodo, mas, parafraseando Dominic Barter, um dos maiores estudiosos da comunicação não violenta no Brasil, o incômodo é a trilha sonora da mudança. Você não vai conseguir operar grandes mudanças se não aprender a aceitar o incômodo no processo. Eles não precisam concordar nem entender. Precisam apenas respeitar. E você precisa assumir a responsabilidade de cobrar esse respeito.

E já que cá estamos, falando de estabelecer limites e defender o nosso lugar sagrado, precisamos falar dos pais nocivos. Tóxicos como veneno. Pais que guardam em si uma dor tão grande e tão mal trabalhada que são incapazes de respeitar, escutar ou compreender. Que agridem física e emocionalmente os filhos, tirando a sua paz de espírito. Volta e meia recebo mensagens de filhos que vivenciaram histórias terríveis, mas que ainda assim se sentem péssimos por terem se afastado dos pais. Por vezes, no entanto, essa é a única possibilidade para manter a própria saúde mental. Fazer as pazes com o passado não significa ter de ligar para os seus pais e pedir perdão. Não significa uma aproximação que faz mal. Por vezes, esse entendimento é algo que se dá apenas no nosso coração. Algo que resolvemos internamente. Algo que nos liberta das expectativas que nos fazem sofrer e liberta os nossos pais para serem quem são. Humanos, demasiado humanos.

SAIA DO CASTIGO

Quando um pai ou uma mãe me pergunta o que penso sobre castigos, eu devolvo com uma pergunta: quando, durante um castigo, você pensou: "qual é a forma mais construtiva de lidar com esse problema quando ele acontecer novamente?" A resposta é sempre a mesma: "Nunca!" Castigos não funcionam. Quando, na infância, alguma coisa da qual gostávamos era tirada de nós como forma de punição, os pensamentos que nos invadiam eram sobre nós, sobre o outro ou sobre a relação. Nunca sobre o problema em si. "Eu sou uma pessoa muito ruim mesmo, só faço besteira e deixo a minha mãe triste." Ou: "Os meus pais são horríveis, eu queria ter nascido em outra família!", "Os meus pais nunca me entendem! Isso é muito injusto!" O castigo nos atira em um ciclo irracional do qual saímos feridos. Só. O grande problema é que os castigos foram normalizados, se tornaram algo comum, e nós nos acostumamos a eles. Já não temos o adulto que nos punia e ditava as regras como se fossem verdades absolutas. A aprovação do adulto não é mais essencial para a nossa sobrevivência. Por que continuamos no mesmo ciclo do castigo? Por que seguimos, em nossa relação conosco, com os nossos pais e com o outro, perpetuando ciclos de "Eu não sou bom o bastante!", "Você não é bom o bastante!" e "A nossa relação é ruim!"? Quando vamos partir para: "Qual é a forma mais construtiva de lidar com esse problema quando ele acontecer novamente?"?

Seus pais não podem mais deixar você de castigo. Não podem tirar de você coisas das quais gosta. Não podem proibir os seus amigos de irem à sua casa nem podem proibir você de vê-los. Mesmo que ainda dependa financeiramente deles, agora, como adulto, tem possibilidades imensas de se ver livre disso. O ponto a que quero chegar aqui é que os seus pais não precisam amar as suas escolhas. Não precisam entender tudo o que você faz, aceitar os seus sonhos e a sua forma de ver a vida. Eles cumpriram a missão deles. Saia desse lugar de levar tudo o que eles falam e fazem para o lado pessoal. Já vimos que não é sobre você. Que eles não são obrigados. E, para encerrar este nosso papo sobre o passado, vou deixar dicas práticas.

COMO MELHORAR A RELAÇÃO COM OS SEUS PAIS, RESPEITANDO A ELES E A VOCÊ

ELEJA AS SUAS BATALHAS

Não precisa reclamar de tudo, brigar por tudo. Por vezes, quando desejamos deixar claros os nossos limites nas relações, ficamos intolerantes com tudo que contradiz o que acreditamos ser o correto. Nas relações, às vezes é preciso ceder. Antes de reclamar de algo que disseram ou fizeram, pense se é realmente importante. Se for, posicione-se com gentileza.

FALE DOS SEUS SENTIMENTOS, SEM ROTULAR OS SEUS PAIS

Quando fala apontando o dedo e dizendo quem o outro é ou o que sente, você aumenta a resistência à sua fala. Em vez de se conectar com o que você está sentindo e pedindo, a pessoa fica concentrada no contra-argumento, e isso gera desconexão. Substitua: "Você só aponta os meus erros, isso é insuportável!" por: "Sinto falta de ver os meus acertos reconhecidos na nossa relação. Quando você fala dos meus erros dessa forma, me sinto uma pessoa inadequada, pois espero um pouco mais de cuidado com as palavras. Pode falar dos fatos sem me rotular?"

PERMANEÇA NO PRESENTE

Os seus pais falharam, como nós falharemos. Guardamos mágoas, dores e marcas das palavras e dos gestos que nos feriram na infância. Mas os seus pais não podem voltar no tempo, mesmo que queiram muito. Então, cobrá-los por coisas que aconteceram há dez, vinte, trinta ou quarenta anos não vai fazer com que a relação de vocês mude nem com que a sua dor desapareça. Fale do presente. Do que eles podem fazer hoje, sendo quem são agora. O que eles podem fazer por você adulto, não pela criança que foi. Por mais dolorida que tenha sido a relação de vocês, o passado já passou.

ACOLHA AS SUAS DORES

Algumas trocas ainda vão doer. Alguns momentos serão angustiantes, vão trazer de volta episódios da infância e remexer em dores antigas. Não menospreze os seus sentimentos, não os silencie, não se critique. Não justifique as atitudes do outro como forma de ignorar a sua dor. Nomeie os seus sentimentos, chore se necessário. Anote tudo em um caderno, se isso ajudar a organizar o seu mundo interno. Ligue para alguém que saberá reconhecer o privilégio que é ouvir o que acontece no seu íntimo. Você não está mais de castigo, e a sua dor importa. Muito. Não se esqueça disso.

LEMBRE-SE DE QUE TODOS ESTÃO FAZENDO O SEU MELHOR

Uma das coisas que mais me ajudaram a encarar a vida com mais tranquilidade foi entender que todos estamos fazendo o melhor que podemos, com as ferramentas de que dispomos. Ninguém acorda disposto a ser a pior pessoa do mundo, determinado a ferir todos aqueles que ama. Salvo raríssimas exceções, acordamos hoje buscando ser melhores do que fomos ontem. Buscando evoluir. Deixamos transbordar o que há em nós. Eles estão fazendo o melhor que podem, mesmo que não pareça. Não levar para o lado pessoal nos torna menos rancorosos. Não nos poupa de sofrer, mas remove camadas de raiva que só pioram as coisas.

RESPEITE O SEU PROCESSO

Mudar a forma de agir na relação mais antiga da nossa vida leva muito tempo. É um processo longo, intenso e que exige atenção e persistência. O seu padrão vai levar você para o lugar que sempre ocupou. Lembre-se de que sair dele é uma responsabilidade exclusivamente sua, um compromisso que você precisa fazer e refazer diariamente. Lembra-se do equilíbrio? Ele se aplica aqui também. Não é uma linha reta e ascendente. É uma dança. Oscilamos entre momentos em que as coisas parecem fáceis e momentos que exigem muito esforço e energia. E tudo bem.

AGRADEÇA POR QUEM VEIO ANTES DE VOCÊ E HONRE-OS

Dependendo do nível de mágoa e dor que guarda em relação aos seus pais, esse pode parecer um passo impossível, quase absurdo. Não conheço intimamente a sua história, mas sei que você existe porque alguém lhe deu a vida. E que antes desse alguém existiram outros alguéns. Não brotamos no mundo sozinhos. Viemos porque muitos vieram antes de nós, e graças a eles estamos aqui. As suas histórias, conquistas e dores contribuíram para a nossa existência, e o privilégio de estarmos vivos, por si só, já é motivo para agradecermos. Essa é a sua história, a sua vida, e você não vai ser feliz brigando com ela. Pode ser que não seja bela e glamorosa como desejava, mas é sua. Honre-a. Agradeça por ela. Educar filhos com amor pede que amemos quem somos. E somos também a nossa história e a história dos nossos antepassados. Temos que saber amar e acolher para realmente evoluir.

RESUMO DO CAPÍTULO

- Quando acolhemos o passado como parte importante da nossa história, ganhamos a oportunidade de fazer um futuro diferente. Os seus pais fizeram a parte deles, chegou a sua vez de fazer a sua. A responsabilidade por quem é e pelo que vai fazer com isso é exclusivamente sua.

- Inicialmente, as crianças eram vistas como seres indomáveis e selvagens; em seguida, passaram a ser vistas como miniadultos, e só em um passado recente começaram a ser encaradas como seres diferentes dos adultos em suas competências e no seu desenvolvimento. A visão social sobre a infância influenciou diretamente a forma como fomos educados.

- O que nos aconteceu na infância reverbera intensamente na nossa forma de ver o mundo, na narrativa que criamos para a nossa vida e, principalmente, na forma como educamos os nossos filhos. Por aproximação ou por negação, usamos a educação que recebemos como base para a forma de lidar com os nossos filhos, os seus conflitos e as suas dores.

- Os seus pais lhe deram o que podiam. Transbordaram o que tinham em si, o que a história de vida deles permitiu. Não era sobre você.

- "Pai" e "mãe" são rótulos que, por vezes, desumanizam. Eles não são obrigados a atender as suas expectativas, a agir de acordo com o que você espera. São quem são: seres completos e cheios de outras faces além de serem os seus pais.

- Assim como os seus pais não são obrigados, você também não é. Abandone a expectativa do outro, enxergue o que você precisa e mude. Assuma a responsabilidade por comunicar os seus limites e defender os seus interesses. Isso fará toda a diferença na sua paz de espírito.

- Pense em soluções em vez de viver como uma criança no castigo. Eleja as suas batalhas; fale dos seus sentimentos, sem rotular os seus pais; permaneça no presente; acolha as suas dores; lembre-se de que as pessoas estão fazendo o melhor que podem; respeite o seu processo e; agradeça e honre quem veio antes de você.

FAZENDO AS PAZES COM A CRIANÇA QUE MORA EM NÓS

4

Ao nascer, Miguel me fitou com uma carinha séria, sobrancelhas franzidas. Um olhar forte. Lembro-me de pensar, um tempo depois, que ele não tinha um olhar de bebê. A minha avó diria que nasceu com um espírito velho. Os anos passam, e o olhar permanece. Ora com uma doçura devastadora, ora com um chamado à briga difícil de recusar. Talvez por ter aprendido, ainda muito nova, que, quando um adulto manda, a criança baixa os olhos, por deferência, e escuta, o olhar contundente do meu filho me sacode. Sinto a criança que fui se remexer em mim, revoltada, querendo dizer que agora é a minha vez de mandar com o olhar, não a dele. A minha vez de mandar calar a boca, de dizer: "Eu sou a sua mãe e mando em você!" É a minha vez, e ele não tem o direito de subverter a ordem. Fui uma criança que não levava desaforo para casa e que, quando era forçada a engolir as próprias explosões porque o adulto mais próximo reivindicava o seu direito supremo de explodir e mandar, remoía a raiva dentro de mim, multiplicando o rancor, pensando que quando chegasse a minha vez de ser adulta ninguém ia me dar ordens. E a vida, com as suas grandes surpresas, me enviou meu menino de olhar forte e destemido. Que encara, sem titubear. E que faz a criança em mim remexer toda a raiva guardada, todo o choro engolido, todo o "quando eu for adulta!". O meu maior desafio no processo de educar é lidar com a minha criança magoada enquanto educo as duas crianças que pari. É ver passado e presente misturados nos momentos de tensão. É conter o grito do cansaço, do estresse, das expectativas, da criança que finalmente pode falar alto depois de muito ouvir calada. E a maior vantagem de toda essa loucura é curar essas feridas que o passado deixou e que, antes de ter os meus filhos, eu nem tinha consciência de que existiam. Cada vez que consigo perceber a minha própria imaturidade emocional e lidar com ela, cada vez que acolho as crianças que educo, curo mais um pouco a criança que mora em mim. E é nesse sentido que educar é um presente. Daqueles difíceis de desembrulhar, que dão trabalho, mas que encerram em si um valor imensurável.

Começar a estudar a infância me fez enxergar a criança que ainda existe dentro de todos ao meu redor. A criança magoada que se escondia quando os pais gritavam e brigavam, e que segue se escondendo e deixando de se manifestar nos conflitos que vivencia na idade adulta. A criança que não recebia atenção positiva dos pais, salvo quando adoecia, e que segue com o padrão de adoecimento e vitimismo para ser enxergada e amada nos relacionamentos que mais preza. A criança que tinha medo do abandono e hoje abandona para não correr o risco de vivenciar a dor de ser deixada. A criança que aprendeu que quando a mamãe grita ela está demonstrando amor e segue buscando relações permeadas de gritos e brigas porque é a única forma que conhece de se relacionar. A criança que teve de obedecer cegamente aos pais e agora, com a carapaça de adulto, se tornou inflexível e só aceita as coisas à sua maneira. A criança que fazia de tudo para deixar a mamãe e o papai felizes e segue se anulando em todas as relações para que os outros fiquem felizes, mesmo que isso custe a sua própria felicidade. Seguimos agindo como crianças magoadas, deixando que as nossas feridas falem mais alto do que a nossa voz.

O problema é que, quando temos uma criança para educar, precisamos agir como adultos. Precisamos sair desse lugar de reações impensadas e baseadas na mágoa e na reatividade para que os nossos filhos fiquem livres para serem crianças, e não adultos que precisam cuidar de nós. A criança só pode ser criança quando o adulto se comporta como adulto. Quando forçamos os nossos filhos a engolir a própria explosão, calando-se, porque estamos descontrolados e nervosos, estamos pedindo que eles assumam o papel de adultos maduros. Quando esperamos que manifestem a frustração com um tom de voz calmo e tranquilo porque, caso não o façam, ficaremos nervosos e irritados, estamos desejando que sejam mais adultos do que nós. Quando esperamos que se responsabilizem por atividades práticas do dia a dia sozinhos, sem nos incomodar nem pedir nossa ajuda, estamos exigindo que ajam como adultos. Roubamos a sua infância, porque aprendemos que a vida é assim. Porque a nossa infância foi roubada de nós. E a dos nossos pais foi roubada antes da nossa. Como não pudemos ser crianças, como não tivemos o direito de ser imaturos, inconsequentes e impulsivos na época apropriada para isso, nos tornamos adultos apenas na idade e no tamanho. Continuamos imaturos, inconsequentes e impulsivos em uma fase da vida em que esses comportamentos já deveriam fazer parte do passado. Não aprendemos a lidar com a nossa mente e as nossas dores. Precisamos amadurecer.

A INFÂNCIA NÃO PASSOU

RAFAELA

Rafaela cresceu convivendo com uma mãe que sofria de sérios problemas de depressão. A mãe engravidou assim que concluiu a faculdade e encarou a gravidez com pesar. Acreditava que os filhos tinham arruinado as suas chances de um futuro profissional de sucesso, e a tristeza que a tomou evoluiu para uma depressão que se estendeu por toda a infância dos filhos. Diversas vezes contou a eles a sua história, e Rafaela, por ser a filha mais velha, atribuiu a si mesma a responsabilidade pelo que havia acontecido com a mãe. Como criança que era, achava que tinha que se calar para não incomodar ainda mais, já que a sua existência era, por si só, um estorvo. Assim, Rafaela tornou-se uma adulta completamente desconectada das próprias necessidades, incapaz de dizer o que desejava ou precisava em suas relações. Tornou-se uma daquelas pessoas que não incomoda, que não diz não, que não conhece nem defende os próprios limites. Quando teve a primeira filha, Rafaela viu-se infeliz. Não conseguia se divertir com ela, não conseguia organizar a rotina e a divisão das tarefas com o marido. Viu-se tomada por uma enorme apatia. Desejava ser uma mãe melhor do que a sua tinha sido, mas não conseguia se encontrar como mãe nem como mulher. Como poderia achar que tinha o direito de querer algo, se acreditava que a sua chegada havia acabado com a alegria da mãe? Como poderia ser feliz, com uma família estruturada e organizada, se a sua infância tinha sido um deserto emocional? A apatia e a tristeza que a tomavam eram um retorno a uma sensação que era muito frequente na infância. Rafaela era uma mulher de pouco mais de 35 anos, mas ainda se comportava como a criança que não podia incomodar.

"A infância é o chão sobre o qual caminharemos o resto de nossos dias." Essa frase da escritora Lya Luft traduz perfeitamente o que precisamos entender sobre a infância. Ela não passa. Não passará para os nossos filhos, não passou para nós. Reverbera na nossa relação conosco e com o outro. A nossa forma de agir, falar e lidar com os problemas foi aprendida nos nossos primeiros anos de vida. Foi na infância que aprendemos o que é o amor e como consegui-lo. Foi nessa época que aprendemos quem somos e como cuidar de quem somos. Foi na infância que aprendemos a defender — ou a não defender — aquilo em que acreditamos. Foi na infância que você aprendeu a ver o mundo da forma que o enxerga hoje. E você nem percebe. Não se pergunta por que reage como reage, por que não gosta de dançar ou por que ama o Natal. Você não questiona, porque está cheio de certezas sobre si mesmo e acredita que as coisas são como são, esquecendo-se de que foi na infância que elas se tornaram o que são. Todos os seus problemas de relacionamento, no trabalho ou no casamento, têm raízes nos seus primeiros anos de vida. Quando finalmente vamos olhar para esse chão no qual fomos criados? E quando vamos parar de acreditar que "é fase" e cuidar do chão que estamos preparando para que os nossos filhos pisem ao longo da vida?

A história de Rafaela é apenas uma dentre as várias que poderiam ser contadas sobre as repercussões da infância na vida adulta. Se você parar para analisar agora, neste momento, vai reconhecer nas suas relações os padrões que aprendeu na infância. Pode se ver gritando com o seu filho, dizendo exatamente o que a sua mãe dizia. Pode se ver repetindo a frieza do seu pai. Pode se ver procurando briga com o marido ou com a esposa diariamente porque a briga era a conexão que existia na sua família, era o lugar-comum. Nós buscamos amor nas nossas relações, buscamos aceitação e pertencimento, mas como receber essa aceitação e esse amor é algo que aprendemos ainda muito pequenos, em um momento da vida em que as nossas interpretações se limitavam a uma visão mais simplista e incompleta da existência. Se somarmos a isso as histórias e falas dos nossos pais, que também viviam com os olhos embotados pela própria dor, teremos uma combinação de desconhecimento e engano a respeito de quem somos, do que gostamos e queremos e das nossas capacidades. Na infância, aprendemos o que é um lápis e como utilizá-lo, o que é um monte e o que é um morro, como acontece a fotossíntese, mas não aprendemos sobre quem somos, não aprendemos a nos relacionar de maneira saudável e amorosa conosco e com o outro. O que aprendemos ficou em nós e, para desconstruir esses aprendizados, precisamos de tempo e atenção, um compromisso diário e constante, que precisa começar com um novo olhar para a infância.

O maior argumento contra a prática da educação não violenta que escuto é: "Apanhei e não tenho traumas", com as suas variações: "Meus pais gritavam todo dia, e eu não tenho traumas!" e "Bastava meu pai me olhar para eu parar! E não tenho trauma nenhum!". Quando escuto essas afirmações tenho um desejo sincero de entender como essa pessoa se relaciona consigo mesma e com o outro. Como lida com quem discorda dela? Como lida com a própria frustração e a própria raiva? Como está o seu relacionamento amoroso? Aliás, qual é o histórico da sua vida amorosa? Como se relaciona com chefes, empregados e colegas? Os reflexos dos traumas que vivemos na infância — e sim, eles existiram, por mais que algumas pessoas neguem — estão em coisas mais sutis que os números da conta bancária. A criança é um ser resiliente, e a vida sempre quer vencer. Sobrevivemos porque essa é uma missão da nossa espécie. Mas até quando vamos viver como sobreviventes? Quantas das suas relações sofrem com os impactos da sua inabilidade de lidar consigo e com o outro? Mais uma vez, não quero aqui que afundemos na culpa, mas que sejamos capazes de assumir a responsabilidade pela nossa vida, e para isso precisamos começar enxergando quem somos e onde estamos. E assumindo que sim, a infância doeu. Doeu, e essa dor segue reverberando na nossa vida.

DE ONDE VEM O TRAUMA

Certa vez, estava na minha cama conversando com o meu filho mais velho quando escutamos um barulho e, em seguida, gritos da caçula. Saí do quarto rapidamente e, ao abrir a porta, o pai já estava com ela no colo. A pequena havia caído da escada. Assim que verifiquei se estava tudo bem com ela, voltei para o meu quarto. Quando retornei, Miguel estava enrolado no lençol, chorando. Eu me aproximei e perguntei se ele estava assustado porque a irmã havia caído. O pequeno balançou lentamente a cabeça.

— Você me deixou aqui sozinho e correu para ver a Helena. A gente estava conversando, e você saiu. Eu vou ficar solitário para o resto da vida.

Ele chorava, desolado. Fiz carinho em cachinhos dourados que lhe cobriam a cabeça, enquanto ele soluçava.

— Meu amor, você achou que eu saí porque gosto mais de Helena do que de você? Que eu não acho importante o que você estava me contando?

Ele chorou ainda mais, dizendo que sim. Acolhi a dor dele e disse que sentia muito que ele se sentisse assim. Disse também que faria o mesmo por ele. Que quando um dos meus filhos chora, eu saio correndo para saber o que houve e ver se está tudo bem. E fiz questão de explicar que não existe máquina de medir amor, que cada filho a gente ama de um jeito. E que eu o amava muito. Que amo as nossas conversas, o abraço forte e quentinho que ele dá. Descrevi coisas que fazemos juntos e que demonstram que realmente aprecio a sua companhia. Ele me abraçou e disse que também me amava. Talvez, se eu tivesse rido do seu sentimento, se tivesse me referido a ele com ironia ou menosprezo, ele tivesse ganhado uma marca dolorosa na sua vida. Não posso garantir que a marca não surgiu, mas posso garantir que fiz o que pude. Que cuidei dela assim que ela surgiu. Que pus gelo e passei uma pomada cicatrizante.

Traumas são marcas que as situações dolorosas nos deixam. Algumas são menores, outras maiores. Algumas doem menos, outras doem tanto que quase nos impedem de respirar. Todos temos muitas marcas. Em geral, quando falamos de traumas, as pessoas pensam naqueles que paralisam e, ao olhar para si mesmas e constatar que são funcionais, concluem que não possuem nenhum trauma resultante das experiências dolorosas que tiveram na vida. Acontece que raramente ficamos paralisados, sobretudo as crianças, seres tão resilientes por natureza. Seguimos mancando, sentindo dores diárias, mas seguimos. E aprendemos que seguir basta e que isso é prova de que tudo deu muito certo. Só que não.

Mas como surge o trauma? E como posso saber se as situações doloridas resultaram em traumas para mim ou vão resultar em traumas para os meus filhos? O primeiro esclarecimento importante sobre o trauma é que ele não se refere ao que acontece, mas à maneira como interpretamos o que acontece. Não é a realidade em si, mas como essa realidade é vista e sentida por quem está vivenciando a situação. Consegue perceber como é algo sutil e difícil de mensurar? Consegue perceber como é impossível determinar que esta ou aquela situação causará um trauma em alguém, e qual será a extensão desse trauma? Há situações que são potencialmente traumatizantes, mas como a pessoa vai reagir a esse trauma e que marcas ele vai deixar é um mistério que só será desvendando no dia a dia. Lembro-me de uma história que uma amiga compartilhou há alguns anos. Ela contou que, na infância, tinha sido vítima de um abuso. O porteiro do prédio onde morava com a família havia colocado a mão dela em seu pênis. Ela se lembrava da situação, mas não guardava um sofrimento intenso relacionado a ela, não percebia reflexos em seu corpo ou em sua mente. Até que, em uma sessão de terapia, compreendeu o motivo. Quando o abuso aconteceu, ela foi imediatamente para casa, sem entender direito o que tinha se passado, e relatou tudo ao irmão, que contou ao pai, que desceu e foi falar com o porteiro. Ninguém, em momento algum, duvidou da palavra dela. Ninguém fez com que ela duvidasse da gravidade do que tinha acontecido. A família demonstrou apoio, confiança e um amor incondicional. Da situação potencialmente traumatizante, ficou a certeza de que ela era uma criança amada e protegida. Isso aconteceria com todas as pessoas? Não. Como você e eu reagiríamos em situação semelhante, com iguais condições de temperatura e pressão? Não sabemos. Sabemos como ela reagiu e como a situação reverberou em sua vida.

Uma mesma situação pode deixar uma marca profunda em uma pessoa, um arranhão em outra e não provocar nada em uma terceira. Uma mesma vivência pode causar uma intensa sensação de injustiça em uma pessoa, uma certeza de desamor em outra, uma mágoa e uma tristeza profundas em outra. São muitas as variáveis nessa equação. Não é algo palpável, que se possa medir e tangibilizar, e exatamente por isso era tão difícil termos as nossas dores acolhidas na infância. Porque os nossos pais e cuidadores mediam a nossa dor com a régua que possuíam, pelas dores que tinham vivenciado. E se eles, que viveram violências físicas e psicológicas maiores do que as que praticavam conosco, não se consideravam traumatizados, por que achariam que as suas atitudes iam nos traumatizar? Sem ter consciência das marcas que doíam em seu corpo, não conseguiam perceber os potenciais danos que suas ações poderiam provocar na nossa história. Não sabiam que somos semelhantes, não iguais. E essa é uma informação importante para que você acolha a sua dor e perceba a dor do outro. Todos experimentamos sentimentos semelhantes. Todos os seres humanos sentem tristeza, angústia, frustração, medo, aflição, ansiedade, alegria, ânimo, euforia, esperança. Isso é o "o quê". Ele é universal. O "como" e o "por que" são únicos, pessoais e intransferíveis. O que desperta os nossos sentimentos e como experimentamos cada um deles no nosso corpo é um processo singular de cada indivíduo.

É importante que você entenda que a sua dor, a forma como a sente e experimenta é única, só sua. Comparar a sua vida com a da vizinha ou do vizinho não vai diminuir a sua dor, vai apenas acrescentar um tanto mais de dor ao que já dói. Na comparação, ou nos sentimos inferiores, tomados pela inadequação e pela frustração, ou nos sentimos superiores, deixando que a arrogância nos invada. Em ambas as situações, não lidamos com o que realmente importa: o que acontece dentro de nós. A forma como a dor reverbera não nos torna mais fortes ou mais fracos, não define quem somos nem quão merecedores somos de amor, carinho e respeito, e eu espero que os capítulos anteriores tenham mostrado isso a você. Essa informação também é importante para que você compreenda que a forma de sentir do seu filho ou da sua filha é única e singular. Não importa se em uma situação semelhante você não se abalaria; se causou dor ao seu filho, é a dor dele que você precisa olhar. Empatia é ver o mundo com os olhos do outro.

A CRIANÇA FERIDA

Agora que você entendeu que o trauma é uma marca que fica depois de situações emocionais doloridas e que a extensão, a profundidade e a forma de apresentação dessa marca são únicas e particulares em cada ser humano, podemos falar do pedacinho de nós que guarda toda essa dor. Que está cheio de feridas não cicatrizadas. E que, volta e meia, assume as rédeas da nossa vida, provocando ainda mais dor, a nós e ao outro: A nossa criança ferida. Quando utilizo esse termo, vejo pessoas torcendo o nariz. Eu também já o fiz. Temos orgulho de termos crescido. De termos sobrevivido aos "Cala a boca!", "Engula o choro!" e "Você não tem querer!". Passamos pela infância e a trancafiamos em um baú, com algumas correntes em volta, para termos certeza de que algumas daquelas sensações jamais retornarão. Então não, não queremos voltar e olhar para essa fase. Há, no entanto, um grupo de adultos que afirma que a infância foi linda, doce e alegre porque sobrepuseram lembranças de alegria e felicidade aos momentos dolorosos e ruins, que, para a maioria de nós, foram muitos. Com pais que não tinham consciência das próprias dores, dos próprios medos e anseios, que não buscavam o autoconhecimento e o entendimento de si, não recebemos uma educação que realmente acolheu a nossa essência, as nossas características e os nossos sentimentos. A infância doeu, quer você assuma isso quer não.

Você pode até fazer piada das vezes em que apanhou. Pode assumir o discurso do adulto e dizer que mereceu, que era uma criança difícil e levada. Mas isso é uma mentira à qual você se agarrou para sobreviver. Porque a dor e o medo que sentiu quando criança eram grandes demais para que desse conta deles sozinho ou sozinha. Escutou que a responsabilidade era sua e que havia doído mais em seus pais do que em você. Então, não bastava a dor de ter apanhado de quem deveria lhe dar proteção e cuidado. Não bastaram o medo e a apreensão ao ver uma mão duas vezes maior do que a sua erguida na sua direção. Você precisava carregar também a culpa pelo que havia acontecido. E a culpa pela culpa que os seus pais sentiam depois. Você sentia a sua dor e a dor de ter causado sofrimento aos seus pais. Rir e contar esses episódios em tom de piada foi uma forma que você encontrou de não sofrer olhando para tudo isso. Mas é uma mentira. Essa criança assustada ainda mora em você, e a sua dor é ativada quando o seu filho grita. Quando o seu chefe reclama. Quando alguém fecha o seu carro no trânsito. Essa criança se manifesta gritando de volta, buscando ser o mais assustadora possível para ver se o medo vai embora. Ela grita tudo que não pôde gritar porque se gritasse apanharia ainda mais. Ou então essa criança se encolhe e deixa que a humilhem e pisoteiem, porque revive os gritos do pai e da mãe e é tomada pela impotência que essa vivência despertava. Nos momentos de crise, de medo, de pavor, essa criança fala por nós sem que nos demos conta.

Cuidar dessa criança, do medo que ela sente e das ferramentas que desenvolveu para lidar com esse medo e dores é a nossa função. Nós precisamos maternar e paternar essa criança a partir de um lugar de consciência, entendimento e amor, um lugar que os adultos que cuidaram de nós, mesmo com a melhor das intenções, não tiverem a possibilidade de acessar. E para isso precisamos assumir que essa criança existe. Que essa dor ainda reverbera. Que ela toma conta de nós nos momentos de crise. Que quando o nosso cérebro nos coloca em estado de "lute ou fuja!", nós reagimos com as armas que essa criança desenvolveu. Enquanto negar a existência dessa criança, você deixará que ela siga governando suas atitudes nos momentos mais impróprios. E que siga ferindo, magoando e fazendo sofrer quem o cerca, porque a dor é tão grande que essa é a única maneira de agir que ela conhece.

É importante que você saiba que se trata de uma dor bem protegida pelo seu inconsciente. Lembra que a vida quer vencer? Para garantir a sua sobrevivência, a criança enterrou bem fundo determinadas sensações e lembranças e afixou nelas um aviso de perigo bem grande. Dourou algumas memórias, aplicou um filtro em outras. Ela queria que você conseguisse crescer. Que você chegasse até aqui. E isso não é de todo ruim. Essas estratégias de sobrevivência foram importantes para que você desse conta. E agora que quer mais do que simplesmente sobreviver e dar conta, você vai precisar enxergar o que doeu. Terá de acessar lembranças mais pálidas do que se recordava. O alerta de perigo vai piscar muito forte, e pensar nessas dores vai trazer um medo de morte. Medo, medo. É preciso que você entenda que é capaz de cuidar dessas dores. Que se a criança, pequena e indefesa, deu conta de passar por elas, você também vai dar. Olhar para elas e nomeá-las vai doer, mas seguir sem cuidar dessa criança dói ainda mais.

Talvez a infância seja um grande branco em sua memória. Talvez você não se recorde de falas ou situações que o angustiaram e não faça a mais remota ideia de como cuidar dessa tal criança ferida. Para acessar essas lembranças, vou propor um exercício de atenção. Observe-se. Manter um diário pode ajudar muito. Anote nele as situações que aconteceram ao longo do dia, como você agiu e o que acredita estar por trás da maneira como agiu. Descreva o que sentiu, o que motivou a resposta que deu. E em outra coluna escreva que atitude poderia tomar quando a situação ocorrer novamente. Não se julgue, não olhe para quem você é com crueldade. Se errou, perceba o erro, entenda os seus motivos e se acolha. Um detalhe importante é que essas anotações não devem servir para acusar os outros envolvidos. Fale apenas sobre o que sente em relação ao que aconteceu. A ideia é descobrir como a dor dessa criança tem se manifestado no seu dia a dia. Você não precisa saber a origem de cada dor; se conseguir observar como ela reverbera, já estará caminhando rumo à melhora. Trazer para a luz é o início de uma grande transformação.

Perceber o que sentimos e como as situações que vivemos reverberam em nós é algo muito estranho ao nosso *modus operandi*. Não aprendemos a fazer isso. Nosso foco estava sempre em agradar os outros ou fugir da punição. Ninguém nos incentivou a fechar os olhos, sentir se as nossas atitudes nos traziam paz e tranquilidade ou se nos angustiavam e nos faziam sofrer. Ninguém nos guiou nesse caminho da autopercepção, então é provável que, nesse exercício de entender as suas dores e como você reage a elas, você sinta muita dificuldade. Que não consiga nomear o que sente nem como sente. Que consiga apenas rotular o comportamento do outro, porque foi isso que aprendemos a fazer. E tudo bem vivenciar essa dificuldade. Respeite o seu tempo e o seu processo nesse caminho, porque é a única forma saudável de viver. E lembre-se de que não precisa dar conta de nada sozinho ou sozinha. Procure um terapeuta. Busque apoio para iniciar essa caminhada que sim, é dolorosa. Mas é também libertadora.

SENDO ADULTO

LÚCIA

Lúcia tinha sérios problemas com o filho de 6 anos. O menino brigava, gritava e se descontrolava quando era contrariado e dizia coisas terríveis. Nesses momentos, ela perdia o controle e agia de forma completamente contrária à que acreditava ser a melhor. Lúcia não queria bater, não queria gritar. Tinha o real desejo de educar por meio do diálogo, mas os comportamentos do filho despertavam nela coisas que não sabia nomear. Aos poucos ela percebeu que não conseguia se conectar com ele. Que se magoava e levava os comportamentos do menino para o lado pessoal. Nesse momento, tornava-se uma criança disputando o brinquedo com outra. A criança mais forte e maior, que podia, em vez de dizer: "Acabou o jogo, a bola é minha!", dizer: "Cale a boca porque eu sou a sua mãe." Acontece que o menino não se dobrava. E as punições só aumentavam. Os castigos e gritos foram se tornando tapinhas, que deixaram de funcionar e se tornaram palmadas mais fortes, que, por sua vez, se transformaram em chineladas. Agora, nada mais parecia funcionar, e o menino seguia gritando e xingando a mãe e apresentando um comportamento cada vez pior. Lúcia precisou olhar para a relação de forma geral. E olhar para si mesma. Ela tinha sido uma criança que apanhara muito, pelos motivos que sempre julgara mais injustos.

Tinha muita raiva guardada dentro de si, e o menino mexia profundamente com essas dores. Também estava infeliz e com o casamento abalado, sentindo a vida desmoronar. Lúcia queria que toda a dor cessasse, mas não assumia a reponsabilidade por lidar com o caos que sua vida havia se tornado. Como uma criança, esperava que alguém resolvesse os seus problemas ou lhe dissesse o que fazer para que a vida melhorasse. Mas a vida só começou a mudar, sobretudo na relação com o filho, quando Lúcia assumiu o seu lugar de adulta. Não havia a quem obedecer. Era ela a única responsável pela melhora na relação consigo mesma e com o filho, por mais duro que isso parecesse. Iniciou um processo terapêutico, implementou mudanças significativas na rotina e, aos poucos, a relação com o filho se transformou. As palmadas e os castigos deixaram de existir, e a conexão entre eles melhorou muito. Trabalhar a autoconfiança e o bem-estar reverberou em todos os âmbitos da vida. Quando a relação com a criança ficava estremecida, era hora de olhar novamente para si e perceber onde estava se descuidando, que dores estava deixando de observar. Maternar a si mesma com amor transformou Lúcia em uma mãe melhor e mais consciente.

Nos dois últimos capítulos, falamos do passado, da nossa criança interior, e revisitamos lembranças doloridas da infância. Isso é essencial para que consigamos alinhar as atitudes que queremos ter com as que acreditamos serem as melhores. E mais importante que isso é assumir que agora é com você. Que o que os seus pais fizeram faz parte da sua história, mas não determina o seu futuro. Que agora você é adulto, pai e mãe de si mesmo ou de si mesma. Agora você pode acolher o seu próprio choro, em vez de engoli-lo na base do grito e do julgamento. Agora pode acolher o temor, dizer para a criança dentro de você que tudo bem sentir medo, em vez de dizer que ela não tem motivo nenhum para temer. Pode ir aos poucos, com respeito pelos seus sentimentos, porque uma coisa não anula a outra. Agora você pode se escutar, se entender e se aceitar, porque isso está em suas mãos. Ser adulto é sair desse lugar apertado no qual insistimos em viver dentro de nós.

Quando crianças, a nossa segurança emocional morava fora de nós. Eram os nossos pais ou cuidadores que atendiam às nossas necessidades mais básicas. Eles representavam o alimento, o colo, o abrigo, o bem--estar. Sem o adulto, a nossa sobrevivência estava ameaçada. Então, aprendemos a pedir da forma que eles determinavam, ou a calar para não incomodar e não perder o amor do papai e da mamãe. Aprendemos a esperar o cuidado do outro porque o poder de cuidar de nós mesmos não estava em nossas mãos. Mas agora, como disse antes, você é o adulto. A segurança emocional não virá de fora. Ninguém tem a obrigação de suprir as suas carências, de atender as suas necessidades emocionais, de fazer com que se sinta seguro ou segura, como quando os seus pais diziam que iam protegê-lo ou protegê-la. Enquanto não entendermos que as necessidades dessa criança que ainda clama por escuta e colo devem ser atendidas por nós mesmos, não pelo outro, vamos ter relações cheias de cobranças e insatisfação. Pediremos ao outro o reconhecimento, a atenção, o carinho, a proteção e os abraços que não recebemos dos nossos pais. Exigiremos que preencham os nossos vazios.

Não é difícil projetar no outro as nossas faltas, e é exatamente por isso que o processo de autoconhecimento é tão importante na construção de relações saudáveis. Entender o que é nosso, quais são as nossas necessidades e responsabilidades nos torna mais compassivos com quem somos e com aqueles com quem nos relacionamos, sobretudo os nossos filhos. Mas, calma, ser adulto não quer dizer que você terá todas as respostas — essa é uma ilusão infantil, e, quando pensa nisso, você está sintonizando as dores de infância de novo. Assumir a nossa responsabilidade é entender que a dor que a fala do outro desperta fala sobre nós e sobre as nossas necessidades. Dia desses, uma amiga me contou que o filho tinha dito que não a achava bonita. Não tinha sido em um momento de raiva, como as crianças costumam fazer, mas em um momento de calma e tranquilidade: uma constatação. Ela se ofendeu e passou parte do dia sem falar com o menino. Como anda atenta à criança que mora dentro dela, minha amiga buscou entender por que a fala de uma criança de 4 anos a havia ofendido tanto. E percebeu que tinha se sentido como uma menina que gostava de um garoto da escola e havia levado um fora. O sentimento de rejeição, que tinha vindo de maneira tão intensa, falava de dores passadas e não atuais. Ela respirou, acolheu a própria dor e disse a si mesma que entendia o seu lado infantil, que desejava muito ser aceita por todo mundo e que podia dar a si mesma essa aceitação. Fortaleceu o seu valor próprio e tirou dos ombros do filho um peso que ele não precisava carregar. Mesmo que decidisse pedir que ele não falasse daquela forma com ela, o pedido não viria de um lugar de dor e culpa.

Quando não assumimos a responsabilidade por organizar a nossa bagunça, bagunçamos a vida de quem se aproxima de nós. E a bagunça não é organizada em segundos. Não sabemos colocar cada coisa em seu lugar, por vezes nem temos estantes e prateleiras suficientes para fazê-lo. Ser adulto é saber que a inciativa e a perseverança para encontrar o que é necessário depende de nós. E é o adulto também quem coloca limites nos impulsos impensados da criança. É o nosso lado infantil que quer as coisas para ontem, que não pode esperar nem um minuto. É a criança que mora em nós que fala sem pensar, sem se preocupar em como o outro vai receber o que é dito, como o filho da minha amiga. Ser adulto é entender que entre o que sentimos e como vamos agir há espaço para escolha. É o seu adulto quem precisa dizer não: com amorosidade, com gentileza, com firmeza e com segurança. Recebemos tantos nãos na infância que hoje nos recusamos a ser contrariados e seguimos agindo como crianças nos famosos episódios de birra. Às vezes a recompensa é adiada, às vezes o impulso precisa ser contido, às vezes a decisão precisa ser pensada com mais cuidado.

Quando começou a cuidar de si, a enxergar as próprias necessidades e os próprios vazios, assumindo a responsabilidade por eles, Lúcia descobriu que era maior e mais potente do que jamais imaginara ser. E essa nova visão de si reverberou em todas as suas relações. A mulher que agora compreendia a si mesma se tornou mais segura, e essa segurança foi sentida pelo filho, que pôde, finalmente, relaxar e se permitir cuidar, porque não havia do que se defender. Quando não assumimos o papel do adulto, a criança conclui que precisa defender a si mesma e preencher os seus vazios. Torna-se mais exigente, mais briguenta e mais desafiadora. Ter por perto um adulto que se comporta como tal equilibra a dinâmica familiar. A criança só pode ser criança quando o adulto se comporta como adulto.

A CRIANÇA FELIZ

Nem só de dores vive essa criança em nós. É na criança que reside a nossa criatividade, a vontade de viver a vida de peito aberto. É a criança que se encanta com a cor do céu, com o arco-íris. É ela quem fecha os olhos para sentir o sol esquentando a pele ou a brisa balançando os cabelos. A criança é o encantamento, o ânimo, a alegria de viver. A desconexão com essa força de vida em nós nos faz perder o brilho. Volta e meia alguém me diz que detesta brincar, que não consegue se sentar com os filhos para um jogo qualquer e que não tem nenhuma criatividade para tornar o dia a dia mais leve. Quando escuto isso, o meu pensamento é: "Tire essa criança do castigo, porque ela está louca para sair."

Todos somos criativos. Todos. A criatividade é a mola propulsora da vida. Nascemos com ela. Mas crescemos ouvindo que inventar coisas era ruim. Crescemos ouvindo que existia um jeito único e correto de realizar as tarefas e que só nos adequando a ele seríamos realmente aceitos. Crescemos ouvindo que a nossa forme de ver a vida era errada, ruim, que desperdiçava tempo e energia e Deus nos livre de desperdiçar tempo. Tempo é dinheiro. E ganhar dinheiro, ter uma profissão e se adequar a um sistema de produção que sustenta o lucro é o que importa. Brincar, correr, inventar jogos com gravetos e criar histórias para a formiguinha que sobe a parede são coisas de criança, coisas que precisam ser abandonadas com o crescimento. Importante é aprender matemática e pensar no vestibular. Essencial é saber o que vai ser quando crescer.

Brincar é essencial para a vida. Qual foi a última vez que você gargalhou até sentir a barriga doer? Qual foi a última vez que pisou no chão e sentiu a grama fazer cócegas nos pés? Qual foi a última vez que sentiu o cheiro de bolo saindo do forno e a boca se encheu de água? Qual foi a última vez que você sonhou? A ausência desses momentos é prova de que estamos desconectados da nossa essência. Da vida que pulsa em nós. E desconectados assim, seremos pais que veem a vida através de uma lente cinza. Que reclamam quando a criança segura um graveto, sem entender que o graveto é a varinha do Harry Potter, um detector de metais e um guia mágico, tudo junto e misturado. Enquanto vivermos desconectados dessa criança, deixaremos a nossa imaginação minguar. E antes que você me diga que essas coisas são inúteis, saiba que a criatividade e a imaginação estão diretamente ligadas à nossa capacidade de resolver problemas e enxergar saídas.

Qual era a brincadeira da qual você mais gostava na infância? Consegue se lembrar? Consegue se lembrar de qual era o seu maior sonho? E de qual era a comida que você mais amava, a melhor de todas? Quantas vezes você se permitiu experimentar essas sensações no último mês? E que brincadeiras a sua criança faria com o seu filho ou a sua filha, se eles se conhecessem? Eu amava desenhar, brincar de pega-pega e de casinha. Montava uma casa inteira com pedras no meu quintal. Minha comida predileta era lasanha — e dei a sorte de me casar com um homem que faz uma lasanha maravilhosa —, eu amava pudim e brigadeiro. Pipoca com leite condensado me faz voltar à infância e chupar manga me sujando toda traz uma felicidade ao meu coração que nem sei descrever. Meu sonho era ser advogada, porque assim eu poderia defender as pessoas. Fui advogada, mas aprendi que defender quem somos e as nossas crianças faz a minha alma mais feliz. Quando a menina que fui assume o comando por aqui, brinco de pega-pega com as crianças e sinto uma paz imensa. Esconde-esconde também. Desenhar com eles deixa a vida mais leve. E enquanto estamos nesse lugar, pouco importam os boletos, os problemas no trabalho ou o resultado dos exames. Por alguns instantes o tempo paralisa, para que a vida flua.

Em nossa mente radical, cheia de dualidades, acreditamos que precisamos ser responsáveis, adultos chatos e preocupados 100% do tempo, e enterramos muito fundo o que nos faz sentir vivos, criativos e energizados. Entregar-se à infância não vai fazer de você uma pessoa menos adulta nem diminuir a sua capacidade de lidar com a vida; não vai abalar a sua autoridade diante dos seus filhos. Vai deixar a vida mais leve, o seu coração mais tranquilo e a conexão em família mais forte do que nunca. Você sabe brincar. Todos sabemos. E os nossos filhos são um convite irresistível a relembrar essa capacidade inata, poderosa e incrível. Pelo menos uma vez ao dia, deixe que a criança que mora em você responda a uma das perguntas mais bonitas e importantes do mundo: "Quer brincar comigo?"

RESUMO DO CAPÍTULO

- Nossa forma de agir, falar e lidar com os problemas foi aprendida nos nossos primeiros anos de vida. Foi na infância que aprendemos o que é o amor e como conquistá-lo. Foi nessa fase que aprendemos quem somos e como cuidar de quem somos. Foi então que aprendemos como defender — ou não defender — aquilo em que acreditamos. Foi na infância que você aprendeu a ver o mundo da forma que o enxerga hoje.

- Traumas são marcas que as situações dolorosas deixam em nós. Algumas são menores, outras maiores. Algumas doem menos, outras doem tanto que quase nos impedem de respirar. Todos temos muitas delas.

- Todos experimentamos sentimentos semelhantes. Todo ser humano sente tristeza, angústia, frustração, medo, aflição, ansiedade, alegria, ânimo, euforia, esperança. Isso é o "o quê". Ele é universal. O "como" e o "por que" são únicos, pessoais e intransferíveis. O que desperta os nossos sentimentos e como experimentamos cada um deles no nosso corpo é um processo singular para cada indivíduo.

- Ser adulto é assumir a responsabilidade de cuidar de si e lidar com as próprias necessidades e os próprios vazios, entendendo que a resposta não virá de fora. É também conter o imediatismo e a impulsividade da criança que ainda mora em nós.

- Na nossa criança interior residem a vontade de viver, o encantamento e a alegria. Entregar-se à infância não vai fazer de você uma pessoa menos adulta nem diminuir a sua capacidade de lidar com a vida, não vai abalar a sua autoridade diante dos seus filhos. Vai deixar a vida mais leve, o seu coração mais tranquilo e a conexão em família mais forte do que nunca.

FAZENDO AS PAZES COM A PARENTALIDADE POSSÍVEL

5

Abri espaço para perguntas, e Vera logo levantou a mão. Ela me contou que estava enfrentando grandes dificuldades com a filha e que não sabia mais o que fazer. Além das dificuldades em si, sentia culpa pelos sentimentos que elas lhe despertavam. A filha era um sonho antigo, que fora nutrido em seu coração durante anos. Foram diversas consultas médicas, notícias ruins e tentativas. A tão sonhada gravidez chegou após duas fertilizações. Depois de tanto sonho, esforço, investimento de tempo e dinheiro, Vera se sentia profundamente frustrada com a realidade. O sonho parecia um pesadelo, e ela julgava tudo o que sentia como indevido, uma demonstração de ingratidão. Enquanto falava, Vera chorava. Não entendia o que estava acontecendo e acreditava que a dificuldade de engravidar tinha sido um aviso divino: ela não havia nascido para cuidar de outro ser humano. Acolhemos, o grupo e eu, a sua dor. E, aos poucos, muitos dos presentes dividiram as suas próprias frustrações, seus medos e angústias em relação aos filhos. Vera não estava sozinha e pôde sentir isso. A maternidade não era o que ela havia sonhado. Na vida real havia menos felicidade do que o prometido. E tudo bem. Ao olhar para as próprias idealizações e ver o quanto eram irreais, Vera pôde cuidar da relação com a filha para além da própria frustração.

Cada um de nós tem uma lista mental que descreve como um pai e uma mãe devem ser, e isso não está diretamente relacionado com ter filhos. Mesmo quem afirma que nunca terá filhos tem, em sua mente, uma definição clara do que isso significa, de como os pais devem agir e dos requisitos que devem atender para serem considerados bons. E o problema está exatamente aí. A fôrma na qual achamos que devemos caber como pais foi construída por alguém que não fazia a mais remota ideia do que é educar uma criança. Das repercussões emocionais, físicas, financeiras e existenciais que essa relação implica. Como filhos, sabemos que tipo de pais queríamos. A forma como eles deveriam ser. Como deveriam falar e se comportar. Como deveriam se sentir em relação a nós e aos nossos feitos. Como dito anteriormente, esquecemos que são humanos e que possuem uma história que nos antecede e desejamos que atendam às nossas expectativas infantis.

Quando os nossos filhos nascem, não abandonamos essas expectativas, apenas as transferimos de lugar. Agora temos que ser essa mãe ou esse pai ideal. Agora temos que ser felizes, amorosos, acolhedores, firmes e tantas outras coisas. E essa idealização se choca com a nossa humanidade. Nós nos damos conta de que não damos conta. E nos frustramos porque acreditamos que não estamos sendo o pai ou a mãe que deveríamos ser. Que não estamos sentindo a felicidade avassaladora e constante que deveríamos sentir. Que os filhos não nos completam e não trazem plenitude. E isso não pode estar certo, afinal. Onde está a mãe calma e tranquila que idealizamos? Onde está o pai brincalhão e amoroso que sonhamos ser?

Grande parte das mães e pais que me seguem acha que não é boa ou bom o suficiente. Eles afirmam que costumam dormir frustrados e angustiados com a distância gigantesca que existe entre a expectativa e a realidade. E essa frustração contribui para o grito, para o tapa, para a atitude impensada. A frustração desencadeia raiva, que leva a comportamentos que não desejamos ter, o que, por sua vez, leva à culpa, que leva a mais frustração. É o ciclo do caos instaurado, reforçando a certeza de que somos pais com defeito de fábrica.

Precisamos olhar para o ideal que estamos buscando atender e ver o que, nesse pai ou nessa mãe ideal, faz sentido para nós e para a nossa história. O que, dentro dessa fantasia, pode permanecer como um referencial e o que deve ser descartado porque apenas nos oprime e nos entristece. Essa mãe que você acredita que deveria ser, ela é humanamente possível? E esse pai? Ele respeita a sua história? Até quando vamos tentar atender a uma idealização que criamos muito antes de sabermos o que era ter filhos?

Eu convido você a acolher a realidade. A abandonar a parentalidade ideal e assumir a parentalidade possível, viva. A parentalidade que enxerga as suas possibilidades e dificuldades. Que acolhe a sua história e a sua realidade. Convido você a rever esse conceito. A redefinir a mãe ou o pai que acredita que deveria ser. Isso pode transformar a sua vida.

A PARENTALIDADE IDEAL

Quantas lembranças você tem dos seus pais sentados no chão brincando com a família reunida? Quantas vezes se recorda de ver a sua mãe preocupada com o que você ia fazer à tarde em casa, depois da aula, assumindo a responsabilidade pelo seu entretenimento e pela sua diversão? Quantas vezes se recorda dos seus pais estudando a pedagogia da escola na qual você ia estudar ou lendo os rótulos de todos os alimentos que entravam em casa para saber qual a quantidade de conservantes em cada um deles? Eu sei que nos faltou muita coisa e que hoje podemos fazer mais do que os nossos pais puderam. Não estou, de forma nenhuma, contradizendo o que já foi escrito até aqui e adotando o discurso dos sobreviventes. Quero apenas que você pare para pensar no quanto o conceito de pais ideais mudou em apenas uma geração. No quanto estamos assumindo responsabilidades maiores do que é humanamente possível. No quanto tentamos preencher o nosso vazio através dos nossos filhos e da nossa forma de maternar e paternar. Fomos de um oposto ao outro, e é preciso encontrar o equilíbrio.

Imagine que, por muito tempo, seguramos um pêndulo do lado esquerdo da estrutura que o sustenta. Quando o soltamos, ele não parou no meio, mas partiu, com intensidade, para o extremo oposto. Enquanto os nossos pais se esforçavam apenas para nos manter vivos e fisicamente saudáveis, na medida do que lhes era possível, nós adotamos a ideia de que precisamos suprir todas as necessidades dos nossos filhos. Fazer uma programação na qual não haja lugar para o ócio. Colocar cinco cores em todos os pratos, em todas as refeições, de preferência com ingredientes orgânicos, recém-colhidos da horta doméstica, que, por sua vez, é nutrida pelo adubo da composteira. Escolher uma escola Montessori, ou Waldorf, ou que siga outra pedagogia mais focada no desenvolvimento humano. Matricular no inglês, no mandarim e em outra língua que será absolutamente necessária no futuro. Comprar roupas feitas por artesãos, com algodão natural. Não terceirizar os cuidados com os filhos, responsabilizando-se pessoalmente por cada troca de roupa e refeição. E fazer tudo isso enquanto cuidamos da nossa carreira e somos exemplo de sucesso e felicidade. Não podemos esquecer que precisamos manter as crianças entretidas, de preferência com brinquedos feitos em casa com material reciclado e gravetos. Ah, e tudo isso com um sorriso no rosto, porque ter filhos traz muita felicidade, plenitude e realização. Fácil, não?

Não seria capaz de dizer quantas vezes escutei de pais e mães que eles não eram bons; sobretudo as mães, que são mais cobradas pela sociedade. Se colocarmos no papel as expectativas que depositamos em nós mesmos no que diz respeito aos pais e mães que deveríamos ser, veremos que é impossível atendê-las e que estamos cultivando enormes frustrações. Você não vai ser a mãe perfeita. Não vai ser o pai perfeito. Faremos merda tantas vezes que não saberemos listar. Adequar as nossas expectativas às nossas possibilidades nos traz mais tranquilidade. Reduz a frustração, que reduz a raiva, que reduz o caos, que reduz a culpa.

LEILA

Leila estava enfrentando grandes dificuldades na adaptação escolar da filha Júlia, de 3 anos. A menina chorava desesperadamente sempre que avistava a escola, e a mãe não sabia mais o que fazer. A minha primeira pergunta para ela foi sobre o quanto confiava na escola. Se estava segura da decisão que havia tomado. A resposta veio cheia de inseguranças e frustrações. Leila queria uma escola com uma pedagogia mais voltada para o desenvolvimento humano, e não só para o desenvolvimento intelectual, mas não havia nenhuma opção na cidade onde morava. A escolha havia sido a "menos pior" dentre as opções possíveis. Cada fala e cada gesto dos professores aumentavam sua convicção de que a escola era inadequada. Conversamos sobre as opções disponíveis. Ela me disse que não havia nenhuma outra, pois precisava trabalhar, precisava colocar a menina na escola e precisava, também, fazer as pazes com as próprias possibilidades. Sim, uma escola alinhada com as prioridades da família seria algo maravilhoso. Um ambiente focado no desenvolvimento da autonomia, da inteligência emocional e das habilidades sociais deveria ser um direito de toda criança, assim como o alimento nutritivo e o acolhimento das suas dificuldades e potencialidades. Infelizmente não é sempre assim. Lidar com o que é possível é mais útil e sábio do que se agarrar a idealizações. Ao reconhecer que o que havia oferecido era o melhor que as suas possibilidades lhe permitiam, Leila recuperou a segurança que precisava transmitir à filha. Nos dias que se seguiram, a menina chorou a despedida, a saudade, mas encontrou na mãe o apoio de que precisa para atravessar aquele importante momento. E esse apoio e essa segurança mudaram tudo.

Pode ser que os pais ideais que descrevi não tenham reverberado em você. Pode ser que os orgânicos, a escola alternativa e os brinquedos reciclados do Pinterest não sejam referências na sua realidade. Mas eu posso garantir que você tem, aí na sua mente, a imagem da mãe ou do pai que deveria ser. Esse ser que nunca erra, que sabe a quantidade exata de sins e nãos que deve dizer no dia a dia. Que tem todas as respostas e que exala segurança e maturidade. Esse ser impossível, que na maior parte do tempo oprime em vez de inspirar. Você é bom o suficiente. Você é boa o suficiente. Hoje, do jeito que é. Sempre podemos melhorar, mas isso não muda o fato de que somos suficientemente bons. De que ofertamos o melhor que podemos, todos os dias. Lembrar disso nos torna mais seguros e equilibrados. Quantas vezes você recita a ladainha mental de que deveria agir de maneira diferente? Quantos "deveria" diz para si mesmo por dia? Já parou para descrever a mãe ou o pai ideal? Pegue um papel e descreva essa figura, com todas as características que considera essenciais. Quanto dessa descrição é realmente possível? Quanto dessa descrição vem da criança que você foi? Quanto vem da sociedade, mas não faz o mais remoto sentido para você?

HUMANO, DEMASIADO HUMANO

Quando Vera falou sobre a frustração com a maternidade, me lembrei do puerpério de uma amiga. Fui visitá-la quando o bebê estava com cerca de dois meses. Depois de alguns minutos de conversa, perguntei se o amor já havia chegado. A minha amiga chorou tão intensamente que levei um susto. Ela me contou que esperava sentir o tal amor de mãe que lhe tiraria o chão e o ar, mas que, até aquele momento, achava o filho lindo, fofo... e só. Que gostava dele tanto quanto do meu filho, por exemplo. E que a ausência daquele sentimento tão sobrenatural a fazia crer que era uma mulher mesquinha, uma mãe com defeito de fábrica. Tinha medo de protagonizar uma daquelas histórias de mães que machucam o bebê, porque, obviamente, ela não era uma mãe normal. Quando perguntei se o amor já havia surgido, sem saber tirei um peso das suas costas. Ela não era um monstro em forma de mulher. Era apenas uma mãe normal, que, como muitas outras, sente o amor chegar aos poucos, construindo a relação nas trocas do dia a dia.

Você vai sentir mais que amor pelo seu filho. Vai sentir frustração, medo, raiva, ódio, decepção. Vai experimentar mais sensações do que as que aprendeu que são próprias de um pai ou de uma mãe. Porque, adivinhe: você é um ser humano. Porque não há relação que se constitua apenas de amor. E tudo bem. Nós crescemos construindo uma visão irreal dos pais. Até quando nos batiam ou perdiam a paciência, eles nos responsabilizavam por isso. Fantasiavam o descontrole com amor. E nós acreditamos que amor era a única coisa que sentiam, independentemente das suas atitudes, das suas falas e dos seus gestos. Eles sentiam amor e ponto. Os nossos filhos nasceram e descobrimos que a realidade é bem diferente da idealização. Que há mais choro — nosso e deles — do que achamos que haveria. Sentimos vontade de fugir e entrar para o programa de proteção à testemunha do FBI, mudar de nome, endereço e identidade. Há medo, dúvidas, inseguranças. Não temos as certezas que os nossos pais pareciam ter. E acreditamos que, claro, o problema somos nós.

Ter filhos não lhe deu superpoderes. Não nasceram asas, não houve uma canonização. Você era um ser humano sem filhos e agora é um ser humano com filhos. Simples — e complexo — assim. A idealização dessa relação de seres angelicais é opressora. Lembra-se do peso do rótulo? Pois então. Pai e, sobretudo, mãe são rótulos difíceis de carregar porque trazem consigo expectativas irreais. Você é falível, erra, se equivoca. Você tem dias bons e dias ruins. Você faz parte de uma natureza cíclica e mutável e, como tal, tem variações de humor, vive fases mais fáceis e simples e fases complicadas e enlouquecedoras. As árvores perdem as folhas no outono, as marés sobem e descem, os bichos reduzem a pelagem no calor. Não há constância. Viver é uma dança. Precisamos aceitar que não somos robôs com uma programação única, que nos garante sempre o mesmo sorriso e sempre as mesmas ações. Acolher a nossa natureza nos torna mais capazes de lidar com ela. Eu sou uma pessoa bem-humorada. Tenho riso solto e um otimismo que, segundo o meu marido, é quase infantil. Acontece que, como todo ser humano, tenho os meus dias ruins. Há algum tempo, eu me obrigava a ficar bem nesses momentos. Acreditava que tinha que estar feliz, porque, afinal de contas, "Eu sou feliz". Essa obrigação me frustrava e, como você já deve ter aprendido aqui, a frustração é um gatilho para a raiva e a irritabilidade. Tentando ficar mais feliz, eu me empurrava para o extremo oposto.

Aceitar que somos humanos e sair do trono é libertador. Podemos sentir tristeza, alegria, excitação, medo, dúvida. Podemos ter vontade de desistir. E o nosso valor como pai ou mãe não está atrelado a nada disso. Sentir a nossa humanidade pulsar em nós não é uma demonstração de que somos pais inadequados e ruins, e essa consciência nos torna pais melhores, mais pacientes e capazes, o que se dá por dois motivos. O primeiro é que nos permitimos aprender com os erros e tropeços em vez de brigar com eles. O segundo é que libertamos os nossos filhos de serem os filhos perfeitos para nos sentirmos os pais perfeitos. Os comportamentos dos nossos filhos não são uma medida das nossas capacidades enquanto pais. Não são um termômetro da nossa parentalidade. Os comportamentos podem indicar a qualidade da nossa conexão, os sentimentos e a necessidades deles, mas não determinam se somos bons ou maus, capazes ou incapazes. Não podemos viver nessa montanha-russa em que nos consideramos bons pais quando nossos filhos se comportam bem, dão bom-dia, boa-tarde, boa-noite e agem de forma que nos dá orgulho, e péssimos pais quando eles respondem, mentem e batem nos irmãos. Somos pais suficientemente bons, sobretudo quando aprendemos a lidar com quem somos.

E, já que estamos despindo a relação entre pais e filhos de sua santidade, precisamos aceitar que, algumas vezes, nossos filhos não vão gostar de nós. Que nos dirão outras coisas além de "Eu te amo!". E tudo bem. Você não precisa da aprovação da criança e do adolescente para reconhecer o seu lugar — ou pelo menos não deveria precisar.

Certa vez, atendi uma mãe que me dizia que não aceitava que o filho lhe dissesse que não gostava dela, e que, todas as vezes que o menino falava algo assim, ela respondia: "Você me ama, sim!" Eu sorri e disse a ela:

> — Posso lhe contar um segredo? Ele não mentiu para você. Naquele momento, ele não gostava mesmo.

Se assumimos que há dias que queremos sumir, que em determinados momentos sentimos outras coisas além de amor pelos filhos, por que esperamos que eles sejam constantemente gratos e felizes por nos terem como pais? Sim, em alguns momentos eles desejarão ter pais diferentes. E isso tampouco mede as nossas capacidades. Dia desses meu filho mais velho me disse a seguinte frase: "Eu não gosto de você, nem parece que você escreveu o livro *Educação não violenta*!" Veja bem, volta e meia eu faço merda. Volta e meia tenho atitudes que fogem ao que eu gostaria. Mas nesse dia fui impecável. Naquele momento eu havia agido exatamente como acho que deveria agir. Mas ele havia recebido um não e, como esperado, estava frustrado. Não ia me agradecer, sorrindo diante da negativa. E eu não preciso do selo de "mãe superlegal", dado pelos meus filhos, sobretudo em momentos de raiva, para me considerar uma boa mãe.

Em qualquer relação entre humanos há conflito. Há desagrado. E todos os envolvidos nessa relação experimentam os mais diversos sentimentos e as mais diversas facetas humanas, mesmo que um desses envolvidos tenha menos de um metro de altura. Os nossos filhos acessam feridas que nem sabíamos que existiam, e todas as descobertas que eles nos possibilitam ter nos tornam pessoas melhores. Aceitar que somos mais do que pais sorridentes e responsáveis nos faz aceitar que eles são mais do que filhos sorridentes, gratos e obedientes. Acolher a nossa humanidade nos deixa mais dispostos a acolher a deles. A aceitação transborda.

VOCÊ NÃO TEM QUE DAR CONTA

Há um ditado africano que diz que é preciso uma aldeia inteira para educar uma criança e, sem dúvida, ele está correto. A missão de educar e atender as demandas de um serzinho de forma que ele cresça emocionalmente saudável e seguro é grande demais para ser assumida por apenas duas pessoas. Ou por uma, como acontece em grande parte dos lares brasileiros. Mães costumam ser aquelas que ficam mais sobrecarregadas pelos cuidados com os filhos, as que são mais cobradas para atender as expectativas sociais e, exatamente por isso, sofrem a solidão imposta a quem tem filhos em nosso país. É o velho "Quem pariu Mateus que o embale!" impondo seus efeitos nefastos.

Quando a minha mãe descobriu a primeira gestação, havia na igreja que ela frequentava um programa de apoio às mulheres. Sempre que uma mulher engravidava, uma mãe mais experiente assumia a responsabilidade de ajudá-la com o bebê e com a maternidade. A mulher que assumiu essa responsabilidade em relação à minha mãe foi uma amiga da família que eu chamo de mamãe Sônia até hoje. Os anos se passam e o senso de comunidade vai se perdendo à medida que nos transformamos em uma sociedade cada vez mais individualista e competitiva. A responsabilidade pelo bem-estar geral e pela construção de um futuro melhor foi reduzida a encontrar uma boa carreira profissional, e nos esquecemos de que, além do que construímos individualmente, precisamos construir uma convivência coletiva mais justa, igualitária e tolerante. Sem essa consciência, perdemos apoio e parceria. Receber apoio e ter com quem contar faz com que a parentalidade, em especial a maternidade, seja uma experiência menos intensa.

A ideia absurda de que precisamos dar conta de tudo nos oprime, sobretudo as mães. Enquanto meninos crescem brincando de carrinho, cuidando apenas de si mesmos e desenvolvendo força de trabalho, as meninas são educadas para cuidar de todos ao redor. Crescem brincando de boneca, para que no futuro saibam cuidar dos bebês. Aprendem a prestar atenção à sujeira que se esconde em cada cantinho da casa. São educadas para fazer o outro feliz. E são cobradas por isso. Boas meninas não reclamam, não incomodam e fazem tudo o que precisa ser feito com um sorriso no rosto. Crescemos acreditando que, como mães, precisamos dar conta de todas as demandas das crias, da casa, de nós mesmas. Somos sufocadas por listas mentais de tarefas intermináveis e impossíveis de serem realizadas. Acordamos e dormimos insatisfeitas e acreditando que dar conta nos define como mães e mulheres. Certo dia, Isaac meu marido saiu com uma camisa amassada. Odeio ferro de passar roupas e nem sei por onde ele anda em casa. Pois bem, a minha mãe reparou na camisa e me chamou em um canto: "Como você deixou o seu marido sair com uma camisa nesse estado? As pessoas vão pensar o quê? Que tipo de mulher deixa o marido sair assim?"

Como sempre foi responsável por tudo da casa, desde a lavagem da calçada até o meu penteado e o penteado da minha irmã, ela acreditava que a roupa de um homem adulto, saudável, lúcido e capaz era responsabilidade minha, como mulher. Pois não é. E eu não vou assumir como minhas as responsabilidades que não fazem sentido apenas porque dizem que deve ser assim. Ressignificar o papel de cada um dos integrantes da família, assumindo apenas a parte que nos cabe, é libertador. Eu não dou conta. E não vou me massacrar por isso. Aprendi a pedir ajuda, a perguntar o que não sei — mesmo que tenha escutado a vida inteira que deveria saber —, a admitir que essa ou aquela tarefa me deixa confusa. Fortalecer em mim a ideia de que sou uma mãe suficientemente boa, de que faço o melhor que posso com as ferramentas e as possibilidades que tenho, faz com que me preocupe menos com o olhar julgador do outro, e é exatamente por isso que precisamos analisar as nossas prioridades e convicções; se não o fazemos, somos arrastados por uma enxurrada de obrigações e expectativas que não nos pertencem.

MEL

Mel era uma mulher de 32 anos que parou de trabalhar para cuidar dos dois filhos. Vivia para as crianças. Preparava as refeições, organizava a casa, mantinha os exercícios em dia e cuidava do material escolar. Além de preparar as refeições, era ela, como a maioria das mulheres, quem pensava no que comprar, quando comprar e como comprar. Quando conversamos, ela estava exausta. Havia muito tempo não ia ao cinema ou lia um livro. As obrigações rotineiras não deixavam espaço para que ela fizesse nada além de administrar as demandas de todos os membros da família. Estava infeliz, exaurida. E toda essa infelicidade se refletia na relação com as crianças. Perguntei se já tinha pensado em deixar as crianças com o pai, que não representava uma fonte de ajuda, mas era tão responsável pelos filhos quanto ela. A resposta imediata foi que ele não daria conta. Que ele não seria capaz de fazer tudo da forma correta, que, obviamente, era a dela.

Ao ouvir isso, lembrei-me da primeira vez que viajei a trabalho e deixei as crianças com o pai por dois dias inteiros. Fiz uma lista das coisas que achava que ele ia precisar, comprei comida, deixei a minha mãe de sobreaviso. E acreditei verdadeiramente que ele não ia dar conta das demandas dos pequenos. Liguei para casa várias vezes. Quase enlouqueci. Quando retornei, a casa estava bagunçada e o cabelo das crianças estava mal penteado. Fui invadida por uma raiva mortal, senti vontade de nunca mais repetir o que considerei um erro. Mas ele precisava aprender. Mais viagens surgiram e, de lá para cá, as coisas mudaram muito. Ele aprendeu a cuidar da casa do jeito dele, e eu aprendi que não sou a única responsável por tudo.

Perguntei a Mel se ela tinha amigos e parentes próximos com quem pudesse contar, se algum dia havia pedido que ficassem com os filhos para ir ao cinema ou sair para jantar com amigas. Ela me disse que morava perto da sogra, mas que a avó deixava que as crianças assistissem à TV, e ela não gostava. Que se as regras dela não eram respeitadas, preferia não deixar os filhos com ninguém. Munida da convicção de que somente ela sabia cuidar dos filhos e da casa, Mel carregava um peso muito maior do que precisava carregar. E se tornou uma mãe irritada e impaciente.

Quando falamos de rede de apoio e do famigerado "dar conta", precisamos aprender que, quando delegamos uma tarefa, ela será executada de uma maneira diferente da nossa. No livro *Deixe a peteca cair*, a autora, Tiffany Dufu, cunhou uma expressão da qual gosto muito: "síndrome do controle do lar", ou SCL. Segundo ela, essa síndrome traduz a necessidade que temos de que tudo, absolutamente tudo, seja feito do nosso jeito. A crença de que sem a nossa presença o mundo desaba. A ideia de que somente os nossos braços podem se movimentar freneticamente no malabarismo diário. Nós nos deixamos sufocar por demandas que poderiam ser delegadas ou simplesmente abandonadas. Quantas vezes você procurou pessoas conhecidas que moram perto de você para dividir a obrigação de deixar as crianças na escola? Quantas vezes se sentou com o marido ou a esposa, o companheiro ou a companheira e fez uma lista das tarefas domésticas, dividindo as responsabilidades? Quantas vezes procurou outras mães, outros pais e pessoas responsáveis por crianças, criando um grupo de apoio? Quantas vezes se movimentou para que a vida ficasse menos solitária?

Não quero que você ache que estou menosprezando as consequências terríveis do machismo e das suas imposições na vida de mulheres e homens em nossa sociedade. Não quero que acredite que estou desconsiderando as desigualdades sociais, a ausência de creches públicas e de qualidade, e a falta de apoio em empregos e escolas para que pais, sobretudo mães, tenham uma atuação social mais igualitária. É justamente conscientes desses fatores que precisamos nos fortalecer e decidir o que vamos fazer com toda essa desigualdade. Peça ajuda e aceite que as coisas não serão feitas exatamente como você deseja, e isso não é necessariamente ruim. Existem outros jeitos de fazer as coisas além do seu. Seus ombros não precisam sustentar o mundo. E lembre-se de que algum tempo diante da TV ou comendo doce na casa da avó não vai destruir todos os seus esforços. Você ganha algumas horas para si, a criança ganha novas perspectivas de vida. No fim das contas, delegar faz bem para todo mundo.

E QUANDO O PAI (OU MÃE) NÃO CONCORDA?

Estamos no fim do quinto capítulo e, até aqui, creio que você já percebeu que educar por meio da não violência é um caminho de autoconhecimento. E, como tal, só pode ser trilhado individualmente. O que quer dizer que, por mais incrível e transformadora que esteja sendo a sua jornada, você não pode desenhar o caminho do outro. Não pode simplesmente convencê-lo do que é certo ou errado. Mudar a forma como educamos exige que olhemos para a nossa própria história. Desejar abandonar as palmadas e os castigos exige que reconheçamos que houve excesso e violência na nossa infância. Que doeu. E assumir isso mexe com convicções estruturantes da nossa vida e da nossa personalidade. Cada pessoa tem o seu tempo e o seu momento para lidar com as próprias dores. E tudo bem.

Construir um relacionamento saudável com uma criança ou adolescente é uma missão desafiadora. É algo que demanda dedicação, reconhecimento das nossas falhas e dos nossos acertos. Olhar para nós mesmos e para o outro com uma profundidade à qual não estamos habituados. Tarefa de uma vida inteira. Não seremos capazes de assumir a responsabilidade pela construção do relacionamento do outro com a criança. É pesado, exaustivo e impossível. E por mais que doa, essa é a história de vida desse ser humano que estamos educando. Mesmo que você se divorcie, que nunca mais veja aquele pai ou aquela mãe, ele não vai deixar de ser o pai ou a mãe do seu filho. Este é um laço que não se desfaz. Cabe a nós ajudar a criança a compreender que ela não é responsável pelo comportamento do pai que bate ou da mãe que grita. Cabe a nós ajudá-la a lidar com o abandono, com a frustração e com a dor causados pelos comportamentos que pais feridos costumam ter. Nos resta dar apoio, amor, carinho, cuidado. Nenhuma mãe pode ocupar o lugar de um pai, e vice-versa. O melhor que podemos fazer pelos nossos filhos é assumir o nosso papel de corpo e alma, esforçando-nos para sermos suficientemente bons para eles. É seguirmos a nossa jornada.

Diariamente, recebo mensagens de pessoas que não sabem como atuar nos conflitos entre os cônjuges e os filhos, que não querem interferir na autoridade deles, mas desejam proteger as crianças e os adolescentes dos abusos físicos e psicológicos. A resposta não é simples, mas há uma medida para sabermos até aonde ir. Se eu visito a sua casa e o seu esposo ou a sua esposa começa a gritar, me xingar ou me maltratar, creio que a sua reação será nos separar. É provável que se aproxime e peça que ele ou ela se afaste. Duvido muito que assista a toda a cena impassível, acreditando que a outra pessoa sabe o que está fazendo e que eu preciso entender a sua história de vida. Reflita: se você interferiria em uma situação que envolvesse um adulto perfeitamente capaz de cuidar de si, por que acredita que não pode interferir quando um dos envolvidos é uma criança? Por que acredita que, em uma relação em que há grande desigualdade física e psicológica, você precisa se calar? Defender os nossos filhos é a nossa missão, mesmo que seja defendê-los das pessoas que mais amamos. Ou de nós mesmos. Eu preciso ter a confiança de que, se um dia a minha razão for sequestrada por algum infortúnio da vida, o meu marido vai defender os meus filhos de mim, porque o bem-estar e o desenvolvimento deles precisam ser a nossa prioridade como pais e como espécie.

Essa interferência não precisa ser ofensiva, chamando o pai de louco ou a mãe de descontrolada. "Você está nervoso, ou nervosa, eu assumo daqui em diante." Separe os dois e proteja a criança ou o adolescente. Acolha a dor, o medo, a frustração. Não se omita. A dor de sentir o abandono e o desamparo pode marcar uma vida tanto quanto a agressão. Eu me recordo de uma amiga que iniciou um processo terapêutico em um grupo do qual eu também participava. Sempre que falávamos das dores da infância, ela trazia a imagem do pai: um homem duro, grosseiro, intransigente. Foram inúmeros os episódios da infância que fizeram dele o seu algoz. A mãe era vista como o oposto. Um anjo. A melhor mãe do mundo. Irretocável. Em uma das dinâmicas, inesperadamente, ela acessou uma dor profunda relacionada a essa mãe. O choro e a raiva vieram à tona e ela repetia, dando voz à criança que foi: "Você era adulta, você podia me ter me defendido dele e não fez nada! Você deixava, você foi covarde." A nossa covardia é sentida pelos nossos filhos como desamparo. E isso dói profundamente. A esperança de receber a proteção e o cuidado dessa mãe perfeita se transformou em uma mágoa que ela não conseguia acessar. Se transformou na convicção de que não podia contar com ninguém, de que estava sozinha em seus sofrimento. Isso interferiu diretamente na construção da narrativa da sua própria vida.

Você pode enviar vídeos e prints de textos e compartilhar posts das redes sociais. Pode ler trechos de livros em voz alta. Pode espalhar as sementes, desejando verdadeiramente que encontrem, em algum momento, um terreno fértil para brotar. Mas não esqueça, nunca, que educar um adulto não é sua missão. Foque em construir uma relação saudável consigo mesmo e com a cria. Quando uma peça muda a forma de funcionar, toda a engrenagem se vê obrigada a mudar também. Faça a sua parte. Há de ser o bastante.

TCHAU, CULPA!

Você vai errar. Vai gritar. Vai agir de maneira completamente oposta à que gostaria de agir. Isso é tão certo quanto o azul do céu ou o sal do mar. E quando essas falhas e erros acontecerem, você precisa lembrar que eles não definem a sua maternidade ou a sua paternidade. Que você é maior do que um comportamento pontual. Que os seus esforços diários não são apagados quando você perde a paciência e quando as suas feridas falam mais alto.

A culpa fala sobre os nossos padrões e sobre o que é importante para nós ou para a sociedade. Todas as vezes que não atendemos ao que achamos que deveríamos atender, a culpa aparece para nos lembrar disso. Quando esse sentimento surgir, em vez de nos perdermos em autojulgamento e autopunição, precisamos tentar entender o que sentimos, por que sentimos e o que podemos fazer para melhorar. É um exercício transformador. Não podemos deixar que a culpa nos desconecte de nós mesmos e nos faça confundir *cometer* um erro com *ser* um erro.

Para ajudar você a lidar com a culpa, sugiro aqui o roteiro para uma viagem dentro si.

IDENTIFIQUE A REGRA QUE VOCÊ INFRINGIU

A sua fala ou a sua atitude feriu que regra? O que era tão importante para você que deixou de ser atendido? Conectar-se com essa informação pode surpreender você. Talvez essa regra não seja realmente sua, mas sim um padrão irreal imposto pela sociedade. Crianças adoecem, caem, se machucam. Coisas ruins acontecem. A ideia de que devemos ser onipresentes e onipotentes na educação dos filhos nos faz mergulhar em ciclos de culpa que não deveriam existir. Mães, em especial, se sentem culpadas porque se divertiram com amigas, porque saíram sozinhas. Se sentem culpadas quando fogem à idealização de uma plenitude e uma santidade impossíveis de alcançar. Separar o que é seu e o que é do outro pode reduzir drasticamente as chances de enveredar em um espiral de culpa. Essa regra é realmente importante para você? Ela é humanamente possível?

RECONHEÇA AS SUAS BOAS INTENÇÕES

Você conhece os motivos pelos quais agiu como agiu. Que necessidades buscava atender com as suas atitudes?

EXERCITE A AUTOCOMPAIXÃO

No primeiro capítulo, falamos sobre o poder da autocompaixão e sobre o quanto ela pode fazer diferença na nossa jornada. Quando for inundado ou inundada pela culpa, lembre-se de que pode ofertar a si mesmo o carinho e o cuidado de que precisa.

CRIE UM PLANO DE AÇÃO

Se responsabilize pelas suas ações. Como agir de maneira diferente quando a situação se repetir? Quais são os pequenos passos que pode dar na direção da mudança? Enquanto a culpa nos paralisa, a responsabilidade nos movimenta. Ciente do que sente, do que é importante para você, conectado com o seu coração, você poderá enxergar novas formas de atuar nas relações.

Para encerrar, divido com você um aprendizado muito importante. Quando digo que não dou conta de algo, estou indiretamente dizendo que não tenho apoio suficiente para sustentar esse algo na minha vida. Somos seres que vivem em comunidade e precisamos do apoio uns dos outros para nos desenvolvermos de forma saudável. Muito desse apoio deveria ser ofertado pelo Estado e poderia ser oferecido pelas empresas, pela família e pelos amigos. Fato é que, quando assumimos que não sustentamos uma escolha, é porque nos faltam braços e mãos para ajudar a suportar o peso. Quando nos voltamos para a culpa e acreditamos que as nossas incapacidades nos definem, trazemos para o individual uma responsabilidade que deveria ser coletiva. Nomear as nossas culpas e ficar apenas com o que realmente é nossa responsabilidade nos deixa mais potentes, menos estressados e menos sobrecarregados. Faz de nós pais melhores. Você não tem que ser perfeito ou perfeita. Pais possíveis são suficientemente bons. Isso há de ser o bastante.

RESUMO DO CAPÍTULO

- A ideia do que é um pai ou uma mãe ideal foi construída, em grande parte, pela criança que fomos, e buscar atendê-la causa sofrimento e frustração.
- Adequar as nossas expectativas às nossas possibilidades nos traz mais tranquilidade. Reduz a frustração, que reduz a raiva, que reduz o caos, que reduz a culpa.
- A relação entre pais e filhos desperta outras coisas além do amor. Vamos vivenciar inúmeros outros sentimentos por eles, e eles por nós.
- Aceitar que somos mais do que pais sorridentes e responsáveis nos faz aceitar que eles são mais do que filhos sorridentes, gratos e obedientes. Acolher a nossa humanidade nos deixa mais dispostos a acolher a deles. A aceitação transborda.
- Peça ajuda e aceite que as coisas não serão feitas exatamente como você deseja, o que não é necessariamente ruim. Há outros jeitos de fazer as coisas além do seu.
- Cada um dos pais é responsável pela relação que constrói com os filhos, e esse caminho é individual e específico de cada um. Foque em construir uma relação saudável com seus filhos e deixe que o outro trilhe o seu próprio caminho.
- Quando a culpa aparecer, identifique a regra que você infringiu, reconheça as suas boas intenções, exercite a autocompaixão e crie um plano de ação.

FAZENDO AS PAZES COM OS RELACIONA-MENTOS

6

Não é o amor que sustenta o relacionamento, mas é o modo de se relacionar que sustenta o amor. Essa é uma daquelas frases que circulam por aí, de autoria desconhecida, mas que carregam em si uma verdade imensa. Acreditamos que o amor basta. Aprendemos isso nas grandes e pequenas trocas que tivemos na infância, nos contos de fadas, nas histórias passadas de geração a geração. Acontece que relacionamentos pedem escuta: do que está vivo em nós, do que está vivo no outro. Pedem limites e autoconhecimento. Talvez por isso os relacionamentos sejam tão influenciados pela educação que recebemos. São eles que mais sofrem com a nossa incapacidade de regular as nossas emoções, de sustentar as nossas escolhas, de enxergar os limites e as possibilidades do outro.

Em quantos dos seus relacionamentos atuais você tem sido você mesmo ou você mesma? Em quantos deles tem assumido o que pensa e o que é realmente importante para você? Quantas vezes se cala por medo de que deixem de gostar de você? Quantas vezes se comporta como a criança pequena que não podia dizer não, porque para ser amada precisava agradar? E quantas vezes cobra o que o outro não pode — ou não quer — dar a você? Relacionar-se é uma dança complicada. Um eterno fazer e refazer acordos, testar e abandonar ideias, retomar ideais. Separar o que é possível do que é uma idealização infantil. Assumir responsabilidades, cuidar do próprio bem-estar. E é surreal que cresçamos sem que ninguém nos ensine como atuar nas nossas relações. Aprendemos sozinhos, aos trancos e barrancos, com as conclusões equivocadas a que chegamos sobre como devemos falar e escutar para sermos amados e aceitos. A noção do que é a arte do relacionamento vem das feridas dos que vieram antes de nós.

Uma das maiores objeções ao meu trabalho é: "Mas assim meu filho não vai ficar mal-acostumado? O mundo é cruel!" Mesmo que com frequência não estejamos pensando no que estamos ensinando aos nossos filhos, eles estão se acostumando com um padrão de relacionamento. Estão entendendo o que significa o amor e como consegui-lo. Estão aprendendo o que é respeito e como conquistá-lo. Estão aprendendo como devem ser tratados. Com o que queremos que se acostumem? O que queremos que considerem normal?

Estamos acostumados a relações rasas, nas quais escondemos os nossos sentimentos e emoções para sermos aceitos e amados pelo outro. Desejamos que o outro adivinhe as nossas necessidades e as atenda. Estamos acostumados ao medo do abandono e ao sentimento de desamor. Queremos mesmo que esse seja o costume dos nossos filhos? Eu desejo que eles tenham como padrão de normalidade o respeito. A empatia. O conhecimento das próprias emoções e dos próprios limites. Que saibam dizer não, que saibam ouvir um não. Aprendizados que transformam a vida.

Desenvolver a capacidade de se relacionar de maneira saudável interfere em todos os âmbitos da nossa vida, desde a forma de tratar o vizinho até nosso desempenho no ambiente de trabalho. De acordo com uma pesquisa realizada em 2018 pela Page Personnel, consultoria global de recrutamento para cargos de nível técnico e suporte à gestão, nove em cada dez funcionários são contratados pelas suas capacidades técnicas e demitidos por problemas comportamentais. Segundo a pesquisa, falta aos profissionais inteligência emocional, capacidade de trabalhar em equipe e respeito ao próximo. Os dados da pesquisa não foram uma surpresa para mim, e é provável que não sejam para você. As nossas dificuldades de relacionamento são nítidas. Lembro-me de uma ocasião em que fui convidada pela gerente de uma empresa para falar com os funcionários sobre comunicação não violenta. As queixas que ela me apresentou podiam ter sido feitas por uma professora de crianças de 8 anos. Mas em vez de meninas e meninos disputando brinquedos, formando grupinhos e brigando com os colegas, aquela gerente tinha diante de si um grupo de profissionais graduados e pós-graduados, alguns formados em grandes universidades no exterior. A qualidade técnica da equipe era imensa, e ela não queria perder ninguém, mas passava o dia resolvendo intrigas e ouvindo queixas, mediando conflitos que atrapalhavam o andamento do trabalho. A situação estava tão complicada que os problemas estavam prejudicando a imagem da empresa junto aos clientes. E ela só queria poder focar no desenvolvimento da empresa.

Diferentemente das brigas entre crianças de 8 anos, as brigas entre os adultos duram bastante. Quase não há humildade e abertura para conversar e fazer as pazes. Há egos inflados e uma capacidade de sustentar a birra que nenhuma criança tem. Somos adultos que não sabem lidar com os próprios sentimentos, defender os próprios interesses e reconhecer as próprias necessidades. Sem saber o que nos move, sem compreender o que sentimos, como poderemos atuar de maneira razoável nas nossas relações? Como vamos saber o que pedir ao outro se não sabemos reconhecer o que realmente queremos? Sem autoconhecimento, nenhum relacionamento pode ser saudável. Só podemos ser dois se soubermos ser um. Só poderemos lidar com o nós se estivermos conscientes do nosso eu, da nossa beleza e da nossa feiura, das nossas capacidades e de tudo em nós que ainda precisamos conhecer e desenvolver. Só vamos aprender a apreciar e a aceitar o outro quando aprendermos a fazer o mesmo por nós. Sem isso, seguiremos como crianças que dependem do outro para ter as suas necessidades atendidas e a sua felicidade valorizada.

O QUE IMPORTA PARA VOCÊ

CAROL

Carol me procurou para uma consulta sobre comunicação não violenta. As consultas sobre como lidar com conflitos entre adultos eram raras; em regra as pessoas me procuram porque estão atoladas por questões envolvendo os filhos. Carol queria falar sobre o seu relacionamento com a sogra. A mãe do marido iria visitá-la em breve, passaria quase quinze dias em sua casa, e ela queria que dessa vez a relação fosse menos tensa. Elas não brigavam, mas viviam em uma espécie de guerra fria. Se ofendiam com as falas uma da outra e usavam a ironia como defesa. Carol estava trilhando um caminho de autoconhecimento e desejava mudar essa dinâmica entre as duas. Assumir que a mudança que desejava precisava partir dela é uma percepção que poucos de nós têm. Carol me contou toda a história com a sogra desde o início do relacionamento com o marido: os problemas, a não aceitação, os inúmeros conflitos. Assim que concluiu, buscamos identificar como se sentia em relação à chegada da sogra e o que esperava dela. Só nesse ponto, demoramos mais da metade da sessão. Ela simplesmente não conseguia identificar o que esperava da mulher. Usava frases genéricas. "Quero que ela me respeite!", "Quero que ela me considere!", "Quero que ela me aceite!" Eu insistia no aprofundamento desses quereres. "Como ela pode demonstrar respeito? E consideração? E aceitação?" Ela não conseguia responder. Não conseguia dar corpo às próprias ideias. Não sabia o que queria, o que importava e o que pedir.

Para facilitar, pedi que imaginasse a sogra entrando pela porta. O que desejava que ela dissesse? Qual seria a primeira atitude que ela deveria ter? Carol me disse que não sabia, mas eu percebi que, na realidade, ela estava com vergonha dos próprios sentimentos. Pedi que descrevesse o que esperava, que eu não a julgaria. Era seguro abrir o coração. Então ela descreveu: gostaria que a sogra passasse pela porta, que cumprimentasse o filho e que, com igual entusiasmo, a cumprimentasse também. Queria poder abraçá-la, perguntar como tinha sido a viagem e ficar feliz com a sua presença. Enquanto falava, chorou, sentindo-se ridícula por causa daquela idealização. Acolhemos o seu desejo e, a partir dele, pensamos em ações futuras, no que era possível e no que, talvez, jamais se realizasse. Todo o rancor partia de uma dor que precisava ser cuidada. Naquele instante, Carol se conectou com o que importava para ela. E muita coisa mudou.

O que importa para você? O que é essencial nas relações? Você tem parado para pensar nisso? Já fez isso alguma vez na vida? Nós não aprendemos a olhar para dentro. Não aprendemos a identificar o que importa para nós. E a ausência desse conhecimento nos faz cobrar do outro o que nem sabemos que queremos. Ela nos faz esperar que o outro preencha os nossos vazios. Saber o que esperamos do outro é libertador, para nós e para ele. Nos faz adequar as nossas expectativas, lidar com os nossos lutos e pautar as nossas ações em outras coisas que não as nossas idealizações infantis.

Melhorar as nossas relações em geral tem dois efeitos extremamente positivos para os nossos filhos. O primeiro é que eles não pagam a conta pelos nossos problemas com as outras pessoas. Sejamos honestos, várias vezes as crianças escutam um grito que era destinado ao chefe, a amigos, ao cônjuge. Com as nossas necessidades não atendidas, somos tomados pela frustração, e a nossa irritabilidade alcança níveis perigosos. Cheios de palavras engasgadas, nós nos tornamos péssimos ouvintes. Quando sabemos reconhecer as nossas necessidades e os nossos sentimentos e defendê-los com o respeito que merecem, assumimos a nossa responsabilidade em vez de descontar a dor em todos ao nosso redor.

O segundo grande efeito positivo para os filhos é que aprendem a ter relacionamentos saudáveis. Adotam um padrão de normalidade nas relações que os impede de aceitar os abusos que, por vezes, passam despercebidos em nossa vida. Estamos sempre ensinando algo aos nossos filhos. Muito mais do que com as palavras e os discursos bonitos que usamos com eles, os pequenos aprendem por observação. Você está ensinando algo quando grita no trânsito. Quando fala de forma grosseira com o garçom que trouxe o pedido errado. Quando chama o caixa do mercado de lerdo. Quando trata com rispidez os seus próprios pais e irmãos, está ensinando sobre relacionamento em família. Quando grita e esbraveja com o(a) cônjuge, está ensinando sobre casamento. Quando fura a fila, está ensinando sobre honestidade. Quando ofende para vencer a discussão, está ensinando sobre argumentar. Quando bate, está ensinando sobre poder. Quando estaciona na vaga de idosos, está ensinando sobre oportunismo. Quando manda que cale a boca, está ensinando sobre escuta. Quando rotula e critica, está ensinando sobre como cuidar de si quando erra. Estamos sempre ensinando algo, mesmo que não tenhamos a intenção de fazê-lo. A grande questão é: o que estou ensinando? Estou sendo a vizinha ou o vizinho, a amiga ou o amigo, a filha ou o filho, a companheira ou o companheiro e tantas outras coisas que desejo que a criança seja?

Claro que não somos os únicos responsáveis pelas nossas relações. Pode ser que, por mais boa vontade e consciência que tenhamos, algumas relações jamais mudem. No entanto, os nossos filhos observam o que fazemos com os 50% que nos cabem em cada relação. O que fazemos com a parte que nos cabe em cada problema que enfrentamos? Qual é a nossa contribuição para as situações difíceis que vivenciamos? Por mais que nos doa admitir, sempre haverá uma metade que nos cabe. Para alguns problemas, contribuímos com a omissão. Com o silêncio quando deveríamos nos posicionar, com o sorriso quando o coração dói no peito. Em outros momentos, revelamos o pior de nós e causamos os problemas porque falamos a partir das nossas feridas. Precisamos assumir o que fazemos — ou não — para vivermos as relações nos moldes em que as vivemos. Para isso, é essencial deixar os julgamentos de lado e olhar para nós mesmos com verdade. Você não é pura beleza, um poço de candura que emana apenas amor. Há em você inveja, mágoa, desejo de mentir e enganar. Todos temos facetas e desejos que não cabem no cartão de dia das mães e de dia dos pais. Enxergar quais dessas facetas e desses desejos têm atuado em nossas relações nos dá o poder de escolher o que fazer com os 50% que nos cabem.

O que o move nas suas falas? O que realmente importa? Será que o que dizemos e o que é importante para nós está alinhado e voltado para um mesmo objetivo? Digamos que você tenha tido um dia difícil no trabalho. Muitos problemas para resolver, um cliente um pouco mais exigente pedindo soluções impossíveis. A caminho de casa, o cansaço dá sinais por meio de dores no corpo, e tudo o que você deseja é silêncio, tranquilidade e um bom banho. Talvez ver uma série com o companheiro ou a companheira. Você precisa de paz e conexão. Precisa de amor e carinho depois de um dia caótico. Ao abrir a porta de casa, em regra, em vez de se conectar com essa necessidade e com o que realmente importa para você, as suas falas vêm da sua dor. Reclama da sandália fora do lugar, dos brinquedos espalhados, do barulho. Em vez de se conectar com o que está vivo e clamando por atenção dentro de si, deixa que a dor fale mais alto do que a sua consciência. Quando as pessoas ao redor reagem a isso, a sua dor triplica e o contador de histórias na sua cabeça compõe uma narrativa trágica do quanto os seus sacrifícios e as suas necessidades são ignorados por todos ao seu redor. Você termina o dia sentindo um cansaço ainda maior, além de mais frustração e angústia.

Quando assumimos a responsabilidade pelo que sentimos e precisamos, quando nos conectamos com o que realmente importa para nós, ganhamos clareza. Sabendo o queremos, podemos pensar nas atitudes que podemos ter para atender as nossas necessidades. Podemos comunicar ao outro o que queremos dele, em vez de esperar que ele leia os nossos pensamentos e conclua sozinho quais são os nossos quereres. Faça um exercício hoje. Pense nas suas principais relações. O que é mais importante manter e preservar nelas para você? Anote. Depois leia as suas anotações. Quantas vezes você comunicou aos envolvidos o que era importante? O que você tem feito com os seus 50%?

TENHA CONVERSAS DIFÍCEIS

Depois da nossa sessão, Carol tinha mais clareza sobre o que queria da relação com a sogra, sobre o que sentia a respeito da forma como era tratada e do que precisava fazer para iniciar uma mudança na relação. Acontece que ter uma conversa franca e verdadeira com a mãe do marido era algo assustador demais, e ela preferiu tentar apenas mudar dali em diante. Não funcionou. E em um dia difícil, ela explodiu. Resgatou fatos do passado, falou de mágoas profundas e antigas. Passada a raiva, tiveram uma conversa na qual alinharam as expectativas e possibilidades de cada uma. Uma conversa difícil, extremamente desconfortável, mas absolutamente necessária. Um divisor de águas na relação das duas, no casamento de Carol e na vida em família.

Não há como falar em assumir a responsabilidade pelos nossos 50% nas relações sem falar delas, as temidas, as assustadoras conversas difíceis. A verdade é que queríamos que fosse mais fácil. Que não houvesse desconforto, que as mudanças acontecessem de forma suave como a brisa. Acontece que, na maior parte das vezes, para que a mudança aconteça, precisamos experimentar o medo, a insegurança, a dúvida e a ansiedade que ela provoca em nós. Precisamos assumir a importância de dizer não. De estabelecer os nossos limites e de acolher os nossos sentimentos e as nossas necessidades, pois ninguém o fará por nós. E precisamos assumir, também, que entender o limite do outro e respeitá-lo é essencial para uma convivência saudável e duradoura. Que quando alguém nos diz não, não é um não universal, mas sim um "essa forma de fazer as coisas não atende às minhas necessidades".

Quando nos abrimos para demonstrar os nossos limites e sentimentos, estamos dando a quem convive conosco espaço para fazer o mesmo. Estamos sendo vistos e estamos vendo o outro em sua integralidade. Mas sermos vistos assusta. Aprendemos que há partes nossas que não são dignas de amor e carinho. Escondemos muitas das nossas características, tão humanas, porque queremos ser legais. E, como Carol, engolimos até explodir, porque não conseguimos esconder quem somos para sempre. Cobramos, brigamos, reclamamos. Queremos ser aceitos como somos, mas não queremos arriscar ser vistos sem as duras couraças dos personagens da infância. Não aceitamos a vulnerabilidade que uma conversa honesta implica. O que será que o outro vai fazer quando descobrir o que eu realmente quero? O que vai fazer quando descobrir que não sou tão forte, tão decidido ou tão legal quanto eu gostaria que ele acreditasse que sou?

Temos medo de perder as nossas relações importantes, mas pagamos um preço alto tentando sustentá-las aos trancos e barrancos.

Por vezes, pagamos com a nossa própria saúde mental, ou até com a saúde mental dos nossos filhos... E por vezes, sem ter a intenção, interferimos negativamente na saúde mental do outro. Certo dia, escrevi nas minhas redes sociais pedindo aos pais que não se calassem quando alguém estivesse envergonhando crianças e adolescentes. Que se manifestassem dizendo que a criança não estava gostando da brincadeira, que sentia medo sim e isso não era um problema, enfim, que colocassem limites, até porque assim ensinariam as crianças a se posicionarem sobre o que as desagradava. Os comentários foram inúmeros. Em muitos deles, as pessoas diziam que não tinham coragem de pedir que um parente interrompesse uma brincadeira ou que um amigo não caçoasse do choro dos próprios filhos. Relatos de situações nas quais as crianças choravam, incomodadas e envergonhadas, mas mesmo assim os pais não conseguiam dizer não.

Fomos educados para agradar. Para obedecer, para dizer "sim, senhora", "não, senhora", "sim, senhor", "não, senhor". Não fomos projetados para dizer: "Eu não gosto", "Pare!", "Podemos tentar de outro jeito?" Sendo assim, fingimos não notar os sinais de que os nossos limites foram ultrapassados. Menosprezamos as nossas sensações e emoções em nome de uma paz que não nos atende. E que oprime a nós mesmos e ao outro. Quem convive com você merece a sua honestidade. E você merece tirar as máscaras e finalmente viver relações nas quais não seja preciso fingir. Aquele incômodo que você sente não é bobagem. Aquela ansiedade e aquela apreensão com um simples telefonema também não. O preço de ignorar os sinais é alto.

Para facilitar, deixo um roteiro que pode nortear as suas primeiras conversas difíceis.

FAÇA UM RASCUNHO DA CONVERSA

Não é um rascunho do que você vai de fato falar, mas uma oportunidade de deixar a raiva sair antes da conversa real. Escreva em um papel, que deve ser rasgado depois. Escreva tudo que vier à mente, sem julgar que é certo ou errado, bom ou ruim. Simplesmente deixe que essa primeira camada de mágoa, dor, raiva ou vergonha saia para que você consiga acessar as verdadeiras raízes do que importa.

CONECTE-SE COM O QUE É IMPORTANTE PARA VOCÊ

Retirada a camada de impulsividade, conecte-se com o que é importante, com o seu desejo e a sua intenção. Por que quer ter essa conversa? Aonde quer chegar com ela? Qual é o seu objetivo? Não existe falar por falar. Estamos sempre pedindo algo a quem nos escuta. Por vezes, pedimos acolhimento e empatia. Por vezes, pedimos uma atitude real. Por vezes, pedimos um retorno ("como é isso para você?). Mas fato é que todas as nossas atitudes partem de sentimentos e necessidades. O que você quer pedir? O que é realmente importante para você?

LEMBRE-SE DE QUE NINGUÉM É OBRIGADO A NADA

Sempre que iniciamos uma conversa achando que o outro é obrigado a algo, nos desconectamos dele e de nós mesmos. Quando exigimos algo, despertamos resistência em quem nos escuta. Quando considera necessário se defender do que dizemos, a pessoa não se conecta com os nossos sentimentos e com as nossas necessidades. Ela não nos escuta de verdade. A maioria das nossas conversas é rasa. Ouvimos pensando em contra-argumentos. Enquanto o outro fala, não pensamos em como ele tem interpretado a realidade, nos seus sentimentos e nas suas necessidades e no que ele nos pede. Se quer uma conversa na qual seja visto de verdade, abra mão dos títulos, dos rótulos e das suas consequentes obrigações. O não é uma resposta possível. E isso não diz nada sobre o nosso valor próprio. Precisamos aceitar que assim como temos os nossos limites, o outro também tem os dele.

FALE SOBRE OS SEUS SENTIMENTOS E SOBRE AS SUAS NECESSIDADES

Você não sabe o que o outro está pensando, por mais que acredite que o conheça. Só somos capazes de falar do que se passa dentro de nós e, acredite, isso já é bastante desafiador. Para conhecer o outro, precisamos escutá-lo. Então, fale do que precisa, sem julgamentos, sem achar que você é isso ou aquilo. Uma boa dica, que uso muito nas minhas relações, sobretudo no casamento, é deixar claro quando estou emitindo um julgamento meu, assumindo que ele não corresponde à realidade. "Quando você age assim, eu conto na minha cabeça a história...", assim não aprisiono quem escuta nos meus pensamentos.

RESPEITE O SEU LIMITE

Aceite que a dor às vezes nos impede de ter empatia pelo outro. Ligue para alguém, marque uma sessão de terapia, receba empatia antes de iniciar uma conversa difícil. Emocionalmente nutridos, somos mais capazes de estabelecer os limites e defender o que queremos sem desrespeitar o outro.

ABANDONE O ROTEIRO

Não sabemos o rumo que as conversas vão tomar. Não sabemos como o outro vai agir e reagir, não temos controle, sobretudo quando nos permitimos acessar a nossa vulnerabilidade. Troque a certeza por abertura e curiosidade, isso pode mudar o rumo da conversa.

DECIDA O QUE VAI FAZER

Assim como não podemos falar sobre o que se passa dentro do outro, não podemos decidir o que ele deve ou não fazer. Decida o que você vai fazer. Que atitudes vai tomar. Decida o que está ao seu alcance. O que vai fazer com os seus 50%?

NINGUÉM NASCEU PARA FAZER VOCÊ FELIZ

Se temos 50% de responsabilidade no que acontece nas nossas relações, quando se trata da nossa própria felicidade, esse número é ainda maior. Somos 100% responsáveis pela nossa própria felicidade, ou pelo menos por buscá-la. Claro que existem inúmeros fatores que influenciam a sensação de bem-estar — falaremos melhor sobre eles no próximo capítulo —, mas o cuidado com os nossos sentimentos e o atendimento das nossas necessidades são nossa responsabilidade. Ninguém nasceu para fazer você feliz. Nem os seus pais, nem o seu namorado ou a sua namorada, nem o seu marido ou a sua esposa. Os seus filhos não nasceram para fazer você feliz. Transferir essa responsabilidade para o outro nos aprisiona em um perigoso estado de impotência, além de atribuir ao outro uma responsabilidade que ninguém deveria carregar.

Como disse anteriormente, a maioria de nós cresceu acreditando que era responsável pelo sorriso ou choro da mamãe ou pela ira do papai. Acreditamos verdadeiramente que as nossas atitudes podiam determinar o estado de espírito dos nossos pais, como uma troca justa pela dedicação e pelo amor que nos devotavam, pelos sacrifícios que faziam para nos manter vivos. Eles cuidavam de nós, e nós nos esforçávamos para fazê-los felizes, para ser motivo de orgulho. Todo o sacrifício que faziam tinha de valer a pena, afinal. Acontece que crescemos e transferimos essa dinâmica para as demais relações. Nós nos esforçamos para despertar sorrisos. Dizemos sim quando na verdade queremos dizer não. Nós nos sacrificamos como prova do nosso amor e da nossa benevolência, e esperamos que, em reconhecimento, o alvo da nossa dedicação faça a sua parte e se sacrifique por nós. Que diga não para si mesmo e sim para os nossos pedidos, porque, afinal, é assim que fazemos. Esperamos que escolha o restaurante do qual mais gostamos, que adivinhe os nossos pensamentos, que realize os nossos desejos, mesmo os que não sabemos que temos.

Esquecemos — sobretudo as mulheres — o nosso bem-estar, os nossos sonhos, as nossas vontades e nos dedicamos ao outro com todo o nosso ser. As relações passam a ser uma troca na qual duas pessoas vazias pedem ao outro o que ele não pode dar. A melhor forma de atuar nas relações é estar inteiro. É cuidar de si o suficiente para conseguir sustentar a importância do nós. É nutrir a nossa felicidade e o nosso amor-próprio, é se preencher para que a relação não seja um sacrifício. Amor não é sacrifício. Relacionamentos que exigem que sacrifiquemos a nossa vontade, a nossa felicidade, as nossas amizades e o nosso bem-estar não são saudáveis. Essa noção distorcida que aprendemos nas nossas primeiras relações só nos faz sofrer. E faz o outro sofrer também, porque ninguém consegue ser feliz sendo responsável pela felicidade do outro. Podemos contribuir para a felicidade de quem amamos e podemos buscar agradar com demonstrações de afeto, mas isso não pode nos custar a nossa própria felicidade, porque mais cedo ou mais tarde vamos apresentar a conta, com juros e correção monetária.

Nenhum sacrifício é gratuito. Nenhuma doação é feita puramente porque somos benevolentes, bonzinhos, pequenos e brilhantes raios de luz. Nós nos doamos e cobramos a contrapartida. Por vezes, nos sentimos superiores, por vezes, o fazemos para manter para nós mesmos a imagem de Madre Teresa de Calcutá da qual nos imbuímos. Toda doação que não vem de transbordamento tem seu preço. E só há transbordamento quando cuidamos de nós mesmos e alimentamos o que nos faz bem. Afora isso, o sacrifício virá das nossas faltas e feridas. Pesará nas nossas relações.

Lembro-me de uma crise que Isaac e eu vivenciamos no nosso casamento. Na época, eu estava vivendo um momento profissional intenso e era responsável por coisas que nunca haviam sido minha responsabilidade. O meu marido estava desempregado, atravessando a maior crise que já havia vivenciado na carreira. Cada um vivia uma crise pessoal, sem tempo para si nem para o que nos fazia bem. A nossa pouca paciência e a nossa pouca energia eram dedicadas às crianças, que, percebendo a nossa desconexão, demandavam ainda mais. Sem perceber as nossas próprias crises, esperávamos que o outro cuidasse de nós. Eu esperava que ele colocasse a própria dor no bolso e cuidasse de mim, afinal, eu havia feito isso milhares de vezes na nossa relação. E ele esperava que eu notasse o seu sofrimento e o fizesse se sentir bem.

Certo dia, após uma discussão, sentamos para conversar. Fazia algum tempo que estávamos fazendo terapia, cada um em seu processo de autoconhecimento. Conversamos honestamente sobre a nossa tristeza, sobre o nosso próprio esvaziamento emocional. E assumimos que não tínhamos mais nada a oferecer. Precisávamos nos nutrir emocionalmente, precisávamos fazer coisas que nos fizessem bem. Combinamos de nos revezar saindo com amigos, de começar a praticar exercícios físicos. Cada um de nós assumiu a responsabilidade pela própria felicidade, que estava na mesa, desamparada. Assumimos o compromisso de nos cuidar para podermos cuidar das crianças e um do outro. Sem aquela conversa, a nossa relação provavelmente não teria sobrevivido. Volta e meia, quando o nervosismo aparece de maneira desproporcional com as crianças, quando começamos a trocar farpas, nos lembramos da importância de nos cuidarmos individualmente.

"Amor, você está precisando de escuta e nesse momento não dou conta de ouvi-lo. Ligue pra alguém" virou um lembrete comum e essencial para a manutenção da nossa paz. Preciso admitir que, para mim, dizer isso é um exercício diário. Porque eu sempre fui a Elisama que dá conta. Que resolve problemas, que escuta, que coloca todo mundo para cima. Eu sempre fui a que faz todo mundo feliz. Como admitir que não era capaz de ser a companheira maravilhosa com disponibilidade para a escuta? Como eu podia devolver para ele a responsabilidade pelo seu próprio bem-estar? Isso me parecia um atestado de incompetência. Eu faço as pessoas felizes, o meu ego precisava sustentar esse papel. A doação que vinha da falta, não do transbordamento. Como eu ia ser a supermulher se não conseguia fazer o meu marido feliz? Não é essa uma das nossas principais funções em um relacionamento? Fazer o outro feliz? Não é isso que prometemos uns para os outros como o ápice do amor romântico? Achar que a felicidade dele definia quem eu era me fazia cobrar que ele fosse feliz. Que estivesse sempre bem. A tristeza me irritava. Como ele podia não ser feliz, mesmo com todos os sacrifícios que eu fazia? Como ousava? Claro que as minhas cobranças contribuíam para a infelicidade, o que aumentava as brigas.

Quando finalmente entendi que precisava cuidar de mim e que não era capaz de fazê-lo feliz, me libertei de um peso imenso. Refizemos as nossas promessas. Prometo estar ao lado dele, enquanto fizer sentido para nós, ofertando amor, parceria e ombro amigo para que ele consiga alcançar a própria felicidade. E é o que espero dele também. Parceria, ombro amigo, amor, para que eu consiga cuidar da minha felicidade. Acredite, isso é o bastante. Sei que pode parecer egoísta, mas quando cuidamos de nós, cuidar do outro não é sacrifício. É o caminho óbvio, é transbordamento.

Sempre que alguém com filhos pequenos me procura relatando a própria impaciência, reclamando exageradamente dos acordares noturnos, das demandas e necessidades da criança, pergunto o que tem feito por si. Quanto tem se cuidado? Quanto tem se nutrido para que possa nutrir? Como tem cuidado de si? Cuidar de si implica assumir aquilo de que damos conta e aquilo de que não damos. Estabelecer limites e dizer não. Lembrar que não somos seres isolados, mas interdependentes. Precisamos pedir ajuda. Por vezes, o autocuidado é um banho mais demorado, com a luz apagada e música ambiente. É massagem no pé.

Ter filhos é como correr uma maratona. Não seremos capazes de fazê-lo se estivermos famintos. E ficar sentados, com um prato na mão, aguardando que alguém nos alimente para que a energia retorne não é uma atitude muito inteligente. Por mais difícil que pareça, por mais injusto que pareça, a sua felicidade é responsabilidade sua. Ninguém nasceu para fazer você feliz. Você não nasceu para fazer ninguém feliz. Podemos caminhar juntos, mergulhando nas nossas escuridões, lembrando uns aos outros da nossa luz. Podemos ter parceiros que caminham conosco, lado a lado, apoiando-nos sempre que necessário. Mas percorrer o caminho rumo à própria felicidade e à autenticidade é uma missão individual e singular. Ninguém pode percorrê-lo por você.

PERTENCER É DIFERENTE DE CABER

Pertencimento é uma necessidade humana básica. Somos seres que vivem em comunidade, queremos saber que fazemos parte de um grupo, que temos coisas em comum, que somos vistos e aceitos. Acontece que, na busca por pertencimento, acabamos nos conformando com o seu antônimo, que de tão parecido às vezes nos confunde. Nós nos contentamos em caber. Em nos diminuir ou nos aumentar para nos encaixar em espaços apertados demais ou largos demais para nós. Caber é silenciar as nossas vozes internas para parecermos legais. É desconsiderar o incômodo, o aperto no peito, a ansiedade. Caber dói. Cansa. É difícil e exige muito.

Pertencer liberta. Quando pertencemos sentimos os músculos menos tensos, o coração mais leve. Quando somos realmente aceitos, o nó na garganta vira um suspiro de alívio. Há conforto. Em quantas situações você finge ser outra pessoa para ser aceito ou aceita? Quantas vezes ignora os próprios sentimentos e as próprias necessidades por medo de ser deixado ou deixada de lado? Quantas e quantas vezes aceita brincadeiras desagradáveis e comentários dolorosos por medo do afastamento e da exclusão? Sim, quando fingimos temos uma falsa sensação de aceitação. Podemos experimentar o reconhecimento e ganhar *likes* e aplausos. Mas no fundo sabemos que quem está ali não somos nós, mas sim o personagem que criamos.

Estamos acostumados a isso, desde muito pequenos. Aprendemos que não somos amados por sermos quem somos, mas quando agimos como os outros esperam. Quando nos adequamos às expectativas que projetam para nós. Quando nos recusamos a caber e rogamos por pertencimento e amor, recebemos negativas e críticas. "Você não pode ser assim, eu sei quem você deve ser. Você tem que ser mais calmo. Mais sorridente. Mais tranquilo. Mais feliz. Você precisa ser como eu acho que deve ser, exatamente como acho que deve ser, ou ninguém vai gostar de você." Recebemos essa mensagem de tantas formas que nos acostumamos ao desconforto de fingir gostar, de fingir estar feliz, de fingir estar bem. Concluo este capítulo lembrando a você a certeza de que o pertencimento é uma necessidade humana básica. E você merece pertencer. Sendo quem é, da forma que é. Merece ser visto ou vista.

Para sabermos se estamos pertencendo ou cabendo, no entanto, é essencial saber o nosso tamanho. Qual é o seu tamanho para além do seu jeans? Você já parou para pensar nisso? Nas suas dimensões? Nas suas reais capacidades? No quanto você sente vergonha das suas potências porque acredita que precisa ser humilde? Ou no quanto nega os seus talentos — e às vezes nem os reconhece — porque não consegue se ver com olhos amorosos e verdadeiros? No quanto tem ficado preso em um quartinho pequeno dentro de si, quando há uma mansão a ser habitada e explorada?

Defenda o seu lugar sagrado, porque ninguém poderá fazê-lo no seu lugar.

Não aceite apenas caber, você merece mais.

RESUMO DO CAPÍTULO

- Os relacionamentos são muito influenciados pela educação que recebemos e são os que mais sofrem com a nossa incapacidade de regular as nossas emoções, de sustentar as nossas escolhas e de identificar os limites e as possibilidades do outro.

- Desenvolver a capacidade de se relacionar de maneira saudável interfere em todos os âmbitos da nossa vida, desde a forma como tratamos o vizinho até o nosso desempenho no ambiente de trabalho.

- Melhorar as nossas relações tem dois efeitos extremamente positivos na forma como nossos filhos vão vivenciar as relações. O primeiro é que eles não pagam a conta pelos nossos problemas com as outras pessoas. O segundo grande efeito positivo para os filhos é que eles aprendem a ter relacionamentos saudáveis. Adotam um padrão de normalidade nas relações que os impede de aceitar abusos que, por vezes, passam despercebidos na nossa vida.

- Quando assumimos a responsabilidade pelo que sentimos e precisamos, quando nos conectamos com o que realmente importa para nós, ganhamos clareza. Sabendo o que queremos podemos pensar em atitudes que atendam às nossas necessidades.

- Sempre temos 50% de responsabilidade pelos nossos relacionamentos, e precisamos assumir essa responsabilidade para sermos capazes de melhorá-los.

- Para conversas difíceis, faça um rascunho, conecte-se com o que é importante para você, lembre-se de que ninguém é obrigado a nada, fale sobre os seus sentimentos e sobre as suas necessidades, respeite o seu limite, abandone o roteiro e decida o que vai fazer.

- Ninguém nasceu para fazer você feliz. Você não nasceu para fazer ninguém feliz. Podemos caminhar juntos, mergulhando nas nossas escuridões, lembrando uns aos outros da nossa luz. Podemos ter parceiros que caminham conosco, lado a lado, nos apoiando sempre que necessário. Mas percorrer o caminho rumo à própria felicidade e autenticidade é uma missão individual e singular. Ninguém pode percorrê-lo por você.

- Não aceite apenas caber. Pertencimento é uma necessidade humana básica. E você merece pertencer. Sendo quem é, da forma que é. Você merece ser visto ou vista. Você merece mais.

FAZENDO AS PAZES COM A VIDA

7

Você não vai chegar lá. Não existe esse lá onde seremos sempre felizes, sorridentes, pacientes, bem-sucedidos e sem conflitos. Não existe esse ponto de chegada, quando teremos atingido todo o autoconhecimento possível. Não existe a perfeição. O que temos pela frente é um longo processo, com idas e vindas, altos e baixos. É importante ter consciência disso, para não adoecermos tentando alcançar um estado impossível. Acreditar que chegará um dia em que você vai saber absolutamente tudo sobre si e sobre a vida é uma ilusão.

Espero que o que escrevi até aqui tenha ajudado você a compreender que é um ser múltiplo e cheio de camadas. Que por trás do seu grito há muito mais do que uma mera ausência de autocontrole. Que para entendermos a nossa paciência, a nossa irritabilidade, a nossa forma de lidar com a dor, com o medo, com a ansiedade, precisamos de curiosidade, amor e respeito por quem somos e pela história que nos trouxe até aqui. Não há resposta fácil, não há uma receita milagrosa que fará com que tudo mude em um final de semana. Ou depois de assistir a um vídeo. Ou de ler um livro. O conhecimento pode ser uma lanterna que ajuda a clarear o caminho, mas a caminhada é sua e será feita no seu tempo e no seu ritmo. Ninguém poderá fazê-la por você. Ninguém vai apresentar um atalho milagroso para que você chegue à iluminação eterna.

Dia desses, durante uma sessão de terapia, chorei de cansaço, porque esperava que fosse mais rápido e fácil aprender a lidar com quem eu sou. Lá se vão vários anos de autoconhecimento, de prática de autoempatia e autocompaixão. E ainda assim, por vezes, sinto como se estivesse segurando um touro bravo com rédeas curtas. Conter a minha intensidade, que por vezes beira a irresponsabilidade, é um exercício diário e constante. Na maior parte das vezes, quero algo e quero agora. A criança impulsiva que vive em mim bate o pé, chora e grita. E eu preciso lembrar que também sei ser adulta. Que posso dizer à criança que há em mim que podemos esperar até amanhã, ou deixar para depois. Ser a adulta que compreende, acolhe e diz gentilmente não aos diversos quereres dessa criança por vezes é exaustivo. Eu queria, de verdade, que fosse mais fácil. Mais simples. Que em um passe de mágica eu soubesse lidar com a vida com tranquilidade e confiança. Mas escolher a confiança, a tranquilidade e a responsabilidade é um exercício diário e constante, realizado minuto a minuto, para o resto da vida.

Estou contando isso para que você saiba que o caminho é longo. Veja bem, eu vivo de escrever e ler sobre desenvolvimento humano e infância. Dou palestras, ministro cursos presenciais e virtuais. Já li mais livros sobre o tema do que a maioria das pessoas que conheço. E eu faço merda. Cada conhecimento adquirido me ajuda a trilhar o caminho de maneira mais consciente e confiante, mas não faz dele um jardim florido com passarinhos cantando. E, antes de desanimar, saiba que a caminhada, por si só, já vale a pena. Reconheça os seus tropeços e aprenda com eles. Comemore e celebre cada pequena vitória, porque elas farão com que se sinta mais capaz de seguir adiante.

Nossa forma de encarar a vida e receber o que nos acontece interfere diretamente na nossa relação conosco e com o outro. Ajustar as expectativas e a realidade e lidar com as frustrações que esse ajuste traz é uma prática necessária para sabermos aproveitar cada instante. É essencial para nos lembrarmos de que o presente não tem esse nome por acaso.

ESSA TAL FELICIDADE

Conheci Maria em um curso que fizemos juntas. No intervalo, conversávamos sobre o conteúdo e dividíamos experiências pessoais. Ela era uma mulher rica, que vivia em uma casa muito parecida com as mansões que aparecem nas novelas. Tinha dois filhos lindos que combinavam perfeitamente com a sua própria beleza, completamente dentro dos padrões estéticos vigentes. O marido era igualmente bonito e bem-sucedido. Acontece que, mesmo atendendo a todos os itens da lista do que o senso comum estabeleceu como os requisitos para a felicidade, Maria estava absolutamente infeliz. Ela me disse que chorava todas as noites e não via sentido na própria existência. Brincava com os filhos de maneira automática e, na maior parte dos dias, queria apenas ficar deitada na cama e dormir. Estava sendo devidamente acompanhada por profissionais capacitados para lidar com a depressão que a assolava e ainda assim não se sentia bem. O pior era que negava a própria dor. Tinha tudo, não tinha o direito de sentir toda aquela tristeza, afinal. Achar que não deveria sentir o que estava sentindo aumentava a culpa, que aumentava a tristeza. Maria queria ser feliz. Só isso. Não era pedir muito, era?

Malditos contos de fadas que nos fizeram acreditar que existia um "felizes para sempre". Crescemos achando que existe uma receita para a felicidade, um momento em que nenhum sentimento difícil nos atravessará, que acordaremos sorrindo e vendo arco-íris todos os dias até o fim da vida. Acontece que a realidade não é exatamente assim. As pessoas que nos cercam não leram o roteiro, não atuam como esperávamos. Nós não nos sentimos como esperávamos. Há um abismo entre o musical da Broadway que achamos que a tal felicidade seria e o dia a dia com crianças chorando, crises mundiais e vazios existenciais. Assim como não existe linha de chegada, também não existe essa felicidade que é definida pela ausência eterna de tristezas.

No capítulo anterior, aprendemos que a sua felicidade é responsabilidade exclusivamente sua, e aqui quero explicar um pouco melhor, porque não desejo, de forma alguma, dar a entender que desconsidero o papel das políticas públicas no bem-estar da população. Vivemos em um momento social no qual somos cobrados intensamente para sermos felizes, bem-sucedidos e belos, mas somos bombardeados o tempo inteiro por informações que abalam profundamente o nosso bem-estar. É difícil ser feliz com o corpo que temos quando a mídia no diz que precisamos perder 10 quilos, 5 centímetros nos quadris e 10 centímetros na barriga. É difícil confiar na vida quando os jornais e as mensagens que recebemos no nosso celular noticiam as mortes, os roubos e as violências que ocorreram na Argentina, na França e na principal avenida da cidade, dando a impressão de que ir até a esquina é uma missão altamente perigosa. É um desafio imenso acreditar que somos suficientemente bons quando nas redes sociais os sorrisos parecem mais felizes, mais capazes e mais realizados que os nossos. Então não, eu não quero dizer que se você está triste, emocionalmente abalado ou abalada e sentindo um imenso vazio diante das intempéries da vida é porque não é competente o suficiente para ir atrás da sua felicidade, como uma cartomante que promete trazer a pessoa amada em três dias.

A sua responsabilidade é priorizar esse bem-estar. É buscar se nutrir emocionalmente, reconhecer as próprias reservas emocionais e manter o tanque cheio. É saber que ninguém vai fazer isso por você, por mais amado ou amada que seja. Nós não escolhemos a intensidade das ondas. Não escolhemos se no dia que planejamos saborear água de coco à beira-mar o sol realmente vai aparecer ou se seremos presenteados com uma tempestade. A vida foge ao nosso controle. Mas podemos escolher como vamos navegar. Podemos escolher nos deitar no sofá com o livro, em vez de ficar de roupa de banho brigando com as nuvens escuras no céu. E eis um dos maiores segredos da paz interior, da harmonia com o fluir da vida: não brigar com a realidade. Não querer determinar como ela deveria ser.

Nós nos agarramos à falsa sensação de que podemos controlar os rumos que a vida vai tomar e nos sentimos incompetentes quando ela nos mostra que o que nos acontece vai além das nossas escolhas. Você não deveria ser diferente do que é, a vida não deveria ser de outra forma. O excesso de "deveria" causa uma imensa dor. Sim, seria uma delícia se tudo ocorresse com beleza, tranquilidade e exatamente como planejamos. Mas a possibilidade de ser diferente não significa que a realidade esteja equivocada em ser como é. A vida é o que é, nos resta aceitar. E mais uma vez explico que entre a aceitação e o comodismo há uma distância bem grande.

Comodismo é cruzar os braços e deixar que a vida nos leve, passivamente. Aceitação é respirar fundo, assumir toda a dor, decepção e frustração que a realidade traz e decidir o que fazer com ela. Consegue perceber a diferença? Consegue perceber que, já que não determinamos exatamente como as coisas vão acontecer, precisamos decidir como vamos lidar com elas?

Quantas vezes por semana você para para pensar em como as coisas que aconteceram mexeram com você? Quantas vezes faz um balanço, decidindo quais atitudes precisam ser mantidas e quais precisam ser recalculadas? Quantas vezes olha para a sua vida com a mesma dedicação e a mesma seriedade com as quais encara um projeto profissional? A vida seria melhor se encarássemos a nossa felicidade e a nossa satisfação como prioridades. Se plantássemos a alegria como um projeto de longo prazo.

Temos a tendência de simplesmente esperar que o amanhã seja diferente do hoje enquanto continuamos a agir do mesmo jeito. Não existe felicidade sem tristeza, não existem somente os tons vibrantes, alegres e acolhedores na paleta de cores que usamos para colorir a nossa existência. Portanto, para sermos mais felizes, precisamos tornar esse conceito mais real e possível, ajustando-o à nossa essência. Às vezes, o que faz o meu olho brilhar não o encanta. Por vezes o meu conceito pessoal de felicidade é completamente diferente do seu. A felicidade não é uma roupa de tamanho único disponível em uma vitrine de loja de marca. Ela é individual, singular e feita à mão. E se comunica com o que é importante para nós.

Quando o meu filho Miguel nasceu, resolvi parar de advogar. Eu era uma profissional muito competente e tenho certeza de que caminhava para um belo futuro na profissão, mas estava absolutamente infeliz. Abandonei o Direito para cuidar dele, e por um tempo o meu marido bancou as contas da casa — um privilégio que sei que poucas pessoas têm. Algum tempo depois, resolvi buscar uma nova profissão e comecei a trabalhar com confeitaria. Escutei inúmeras vezes que era um absurdo uma advogada brilhante largar o diploma para fazer bolo. Depois da confeitaria, comecei a escrever nas redes sociais e lancei o meu primeiro livro. E mais uma vez as pessoas tentaram me encaixar em um padrão de felicidade que não me atendia. Muitos anos se passaram desde então, e a cada dia eu tenho mais certeza de que escutar a minha alma, que me dizia que a minha definição de felicidade era somente minha, foi a melhor decisão que eu poderia tomar.

Querem nos dizer quando devemos nos casar, comprar a casa própria, ter filhos. Querem nos empurrar um *checklist* de uma vida feliz, como se a felicidade fosse uma receita de bolo de liquidificador. Mas há muitas variáveis únicas e singulares nessa equação. O que faz o seu coração vibrar? O que faz você entrar em transe e sentir a vida transbordando de você? O que faz com que esqueça o tempo e o espaço e simplesmente se entregue? Eu não posso lhe dar essa resposta. A sua mãe ou o seu pai também não. O *coach* famoso do Instagram tampouco. Ela é sua, individual, e apenas uma reconexão com o seu coração pode amplificar o alcance dessa voz dentro de você.

A PERUCA DA WHITNEY HOUSTON

Há algum tempo li o livro de Shonda Rhimes *O ano em que disse sim*. Nele ela conta que durante toda a infância e a adolescência foi uma menina considerada desengonçada, que usava óculos fundo de garrafa e não era muito popular na escola. Com a autoestima baixa, todos os dias se olhava no espelho e passava horas com o *babyliss* na mão, ajeitando os cabelos para que ficassem parecidos com os da cantora Whitney Houston. Todos os dias. Ela imaginava que, se tivesse aqueles cachos incrivelmente arrumados, seus problemas desapareceriam. Mas eles nunca ficaram iguais aos da diva inspiradora, por mais que queimasse os dedos tentando. Algum tempo depois, já rica e famosa, ela passou a frequentar o mesmo salão que Whitney frequentava e contou à cabeleireira o seu sonho de criança. A moça riu. "Você não sabe? Aquilo era uma peruca!" Ela diz que quase chorou. Nem a Whitney Houston tinha o cabelo da Whitney Houston. A projeção da perfeição era uma farsa. Pare para pensar em quantos dedos queimados nós colecionamos querendo alcançar o inalcançável. Em quanta frustração engolimos por desejarmos ser o que não somos. Por desejarmos nunca mais errar. A mãe que sabe exatamente o que fazer, em todos os momentos, que nunca perde a paciência nem a linha é o cabelo da Whitney Houston. A pessoa que nunca duvida das próprias escolhas e só toma as melhores decisões é o cabelo da Whitney Houston. A pessoa que não tem uma coleção de dores na própria história é o cabelo da Whitney Houston. O ser que dá conta de todas as demandas sem nenhuma dificuldade é o cabelo da Whitney Houston. Pare de queimar os seus dedos querendo ser assim. É uma peruca. Comece a aceitar que a vida real não é impecável. Que os dias não serão constantes, que as dificuldades existem e sempre existirão. Que não há linha de chegada, que tudo é caminhada, processo. Que alguns dias serão lindos, leves e fluidos, e outros serão vividos com lágrimas nos olhos e dores nas costas. Que a vida é impermanente.

Nas redes sociais sabemos recortes da vida dos outros, recortes muito bem escolhidos. Não é real. Não desperdice o seu tempo sofrendo por ser quem é e se comparando com a vizinha; você não sabe o que ela esconde por trás do sorriso. Você não sabe as batalhas internas travadas pelas outras pessoas.

Lembro que, na minha infância, sabíamos apenas o que acontecia na nossa rua, no máximo nas duas ruas próximas. Comprávamos pão na padaria da Teresa e milho de pipoca no mercadinho do Jorge. Íamos para a escola andando e cantando pela rua. As fofocas eram contadas na calçada de casa, entre risos e brincadeiras. O mundo era do tamanho do nosso bairro. Sou da geração que viu os primeiros aparelhos celulares circulando nas ruas, presos à cintura de quem tinha condições de pagar por eles. A geração que viu o primeiro computador à venda como algo impressionante. Que esperava até a meia-noite para poder conectar a rede discada. Não estávamos preparados para as proporções que essas mudanças tomariam. Não estávamos preparados para os reflexos que teriam em nós. Agora o que acontece na China chega até nós em segundos. Temos centenas de amigos nas redes sociais. O mundo ficou tão grande, acelerado e urgente que dá angústia só de pensar. De repente, as 24 horas do dia parecem pouco. Pequenas. Insuficientes. Queremos andar, falar, pensar e agir na mesma velocidade dos processadores dos nossos *smartphones*. A vida, que antes nos bastava viver, agora tem de ser fotografada, postada e curtida. Tem sempre alguém na sua frente, tem sempre uma informação que você não possui, uma novidade que precisa ser vista, lida e comentada hoje. Agora. Neste instante. Urgência, pressa. A dieta da moda cujos resultados impressionantes a blogueira postou. A viagem que o seu ex-colega da escola que você não vê há quinze anos fez e que faz você achar que ele deu certo e você não. A foto sorridente de alguém que nunca lhe disse bom dia, mas que faz a sua lista de insuficiências crescer. Definitivamente não estávamos preparados. Essa coisa toda, que deveria servir para facilitar a vida, virou uma prisão. Nos perdemos do que realmente importa para nós. Se fizéssemos uma limpeza nas expectativas, se ajustássemos a rota com o coração, muita coisa iria ficar de fora. Muito "tem que" deixaria de existir.

Enquanto o mundo era do tamanho da minha rua, a mesma pessoa que eu via arrumada e maquiada no domingo à noite, eu também via de cabelo embaraçado e roupa de faxina varrendo a calçada. Agora vemos apenas um ângulo, cuidadosamente escolhido e editado. Nós nos comparamos e sofremos. Sou da geração que pagava multa se não entregasse a fita VHS rebobinada na locadora. Que conhece a origem da expressão "caiu a ficha". Definitivamente, não estávamos preparados para ter um mundo virtual na palma da mão. Precisamos voltar a viver a vida *off-line*. Cheirar as crias. Tomar banho de mangueira. Comer brigadeiro na panela. Dançar descabelado no meio da sala. Receber e dar abraço, beijar na boca, fazer sexo. Sentir cheiro de livro e de bolo quente. Uma vida que não cabe na mão, que exige o corpo inteiro. Porque quando conseguimos estar inteiros, a sensação de que está tudo errado vai embora. Se ficarmos nos comparando a essa figura frankensteiniana que é a soma de inúmeros recortes da vida alheia, estaremos sempre atrasados e infelizes. Sempre. Para trás. Incompetentes. Quando a sua mente tagarela lhe disser que todo mundo está lindo, feliz e sorridente e só você está atolado ou atolada em demandas, lembre-se de Shonda. No fim das contas, deve ser só uma peruca.

A VIDA DOS SONHOS

Eu achava que 2017 tinha sido um ano horrível, que merecia o troféu de pior ano da minha vida. Quando a minha mãe descobriu um pequeno nódulo na mama e fez a primeira ultrassonografia, no comecinho de 2018, o médico nos tranquilizou dizendo que, com aquela aparência, dificilmente seria câncer. Respiramos aliviadas. Lembro de dizer a uma amiga: "Eu não sei o que seria de mim se esse exame desse positivo. Câncer? Que piada de mau gosto a vida estaria me pregando, né?" Estávamos vivendo uma crise financeira complicada, o casamento estava igualmente em crise, e as crianças, bem, estavam sendo crianças e não robôs silenciosos que apenas dizem sim. Eu estava à beira de um colapso nervoso. Em fevereiro, fui buscar o resultado da biópsia que havia sido feita apenas por precaução. Abri o envelope e li o que estava escrito, acreditando que veria palavras sem sentido que, depois de uma rápida pesquisa no Google, me diriam que estava tudo bem. Positivo. Carcinoma maligno. Não precisei de nenhuma pesquisa para saber o que aquilo significava. Era um maldito câncer na mama da minha mãe, e nós teríamos que encarar aquela luta juntas, enquanto o meu casamento ruía, as prestações da escola das crianças atrasavam e faltava dinheiro para a gasolina. A vida havia me pregado a tal peça.

Passamos por milhares de exames e consultas até a cirurgia, que seria o início do tratamento. No dia da cirurgia, o médico ia testar os linfonodos para saber se as células cancerígenas haviam atingido a axila. Funciona assim: o médico retira o linfonodo sentinela, entrega para que um familiar leve para a biópsia e, no laboratório, um médico patologista analisa o material e liga diretamente para o centro cirúrgico informando se o resultado é negativo ou positivo. O resultado positivo implicaria um esvaziamento axilar, a retirada de 10 a 40 linfonodos, o que acarretaria uma baixa da imunidade e o comprometimento dos movimentos do braço. Claro que eu estava torcendo pelo resultado negativo. A vida já havia pregado peças demais, concorda? Pois bem, depois de horas aguardando em frente ao centro cirúrgico, em um dos momentos de mais medo que experimentei na vida, o médico apareceu. Ele me olhou de um jeito simpático, sorriu com doçura e disse: "Deu positivo, Elisama. Esvaziei a axila. Ela está se recuperando e logo vai para o quarto." Eu me agarrei à minha irmã e chorei até soluçar. Era para ser mais fácil, não? O que custava dar negativo?

Ver a minha mãe chegar no quarto, sem um dos seios, foi um choque. A vida parecia puxar o meu tapete incessantemente. No dia seguinte, viajei a trabalho e, no fundo, agradeci por ter um tempo longe de tudo. Da minha vida caótica. Esqueci de mencionar que o meu rosto estava entortando para o lado esquerdo, com movimentos involuntários. Um mês depois, iniciamos a quimioterapia e o que seria um longo tratamento. Eu estava cheia de planos profissionais, precisando fazer com que as coisas dessem certo, mas a vida parecia não concordar com os meus planos. Estresse físico, quimioterapia, crianças demandando emocionalmente mais que do que eu era capaz de ofertar, marido desempregado, casamento em crise, quase 30 quilos a mais. Saturno na minha lua em câncer — sim, eu acredito em astrologia. Eu só queria que aquela fase passasse, porque estava doendo demais ser eu.

Certa vez, escutei uma monja budista falar em rendição. O momento em que simplesmente paramos de brigar com o que nos acontece e extraímos da dor o que ela tem para nos ensinar. Que deixamos de lado a ladainha mental do "por que comigo?" e passamos a buscar o que podemos aprender com tudo aquilo. O pior momento da minha vida me ensinou mais sobre mim do que qualquer outro. Parei de achar que não deveria estar vivenciando tudo aquilo e comecei a pensar em como poderia me fortalecer para que os pratos necessários — e somente eles — continuassem a girar. Comecei a meditar, apesar de achar que a minha mente não havia nascido para ficar observando a si mesma. Melhorei as minhas horas de sono. Disse "não" todas as vezes que achei necessário. E entendi que alguns planos e sonhos teriam de esperar mais um pouco. Parei de resistir à vida, porque brigar com ela era um desperdício de energia. A minha energia precisava estar focada em mim, no tratamento da minha mãe, nas crianças, que dependiam do meu cuidado físico, financeiro e emocional. Definitivamente brigar com a vida não iria ajudar.

Eu não sei o que você está vivenciando agora. Não faço ideia dos problemas que está enfrentando, se tem uma vida dos sonhos para chamar de sua ou se está perguntando ao Universo, como fiz algumas vezes, se ele está achando graça da piada em que a sua vida se transformou. Eu só posso dizer que achar que as coisas deveriam ser diferentes não vai ajudar. Achar que a vida deveria ser mais benevolente ou que você deveria ser mais forte é um caminho que só nos leva a dores imensas. Você não "tem que" nada. Não tem que ser mais forte, mais feliz, mais sorridente. Você só tem que ser você. É esse o grande propósito da nossa existência: sermos nós mesmos e, a partir dessa conexão, atuar no mundo. Não sei se a sua vida dos sonhos vai chegar. Se um dia vai viver exatamente o que espera viver. Mas sei que a vida que você tem está acontecendo agora. Que algumas vezes você escolhe como as coisas vão acontecer, outras vezes só lhe resta respirar fundo, procurar um ombro amigo para chorar e descobrir como lidar com elas. É impossível brigar com a vida e educar de maneira gentil. É impossível achar que está tudo errado e ser amável, doce e gentilmente firme com a criança ou o adolescente. Educar por meio da não violência é um exercício de consciência. É um transbordamento. Cuidar da nossa forma de viver a vida, de encarar o que nos acontece, pode melhorar a nossa paciência e a nossa presença. E nos torna pais e mães melhores.

SUFICIENTEMENTE BONS

Último tópico do livro. Na realidade, não chega a ser um tópico, mas um lembrete. Corro o risco de soar repetitiva, de dizer algo que já disse antes, mas que é tão importante, tão essencial, que precisa ser repetido. E repetido mais uma vez. *Você é suficientemente bom. Você é suficientemente boa.* Nenhuma característica sua muda isso. Nada que tenha ocorrido na sua vida muda isso. O seu valor está além de um comportamento pontual. É maior do que a sua conta bancária. Independe do número do seu jeans. Você é bom ou boa por ser você. Porque nasceu guardando em si a razão sutil, fugidia e importante de ser um humano, não uma cadeira. Talvez a mídia diga o contrário, talvez o Instagram diga o contrário. Talvez o mercado esteja fazendo você achar que falta uma bolsa cara, ou um carro do ano, ou uma promoção no trabalho para acreditar nisso. E eu rogo que, mesmo que o mundo diga o contrário, você acredite em si.

Não vai ser fácil. Não vai ser fácil acreditar que tem feito o melhor quando a realidade parecer completamente diferente do esperado. Não vai ser fácil acolher as suas dores e se ofertar uma palavra gentil depois de passar anos se maltratando. Você vai errar, e vai ser um desafio aceitar isso. Mas é um compromisso. Seguir. Buscar o equilíbrio. Voltar para o caminho quando, por acaso, se distanciar dele. Escolher a autenticidade e o amor-próprio vai ser assustador. Aceitar a vulnerabilidade como uma condição própria da existência humana é uma escolha que fazemos e refazemos diariamente. E vale a pena. Ela reverbera na verdade com que acolhemos a humanidade dos nossos filhos. Transborda para a nossa capacidade de escuta. Muda as lentes com as quais enxergamos a nós mesmos e à vida.

Entender o que está por trás do grito dói. Não entender também. Em um a dor cura, em outro apenas inflama. O que vamos escolher?

Espero, verdadeiramente, que este livro tenha ajudado você a fazer descobertas importantes e profundas sobre si mesmo. Que ajude você a melhorar as suas relações, sobretudo a relação mais importante de todas: a sua consigo. Torço para que os dias lhe sejam gentis e, mesmo quando não forem, que você saiba ofertar a si a gentileza de que precisa — e que saiba pedir por ela, se necessário. Os nossos filhos merecem pais que se conhecem e se amam. E nós, como sociedade, merecemos uma geração educada por pessoas conscientes das próprias potências e dores.

Que você jamais esqueça que merece amor, carinho e respeito. Sempre.

Confie no seu processo.

Confie na vida.

Confie em si mesmo.

Eu confio em você.

E lembre-se de aproveitar a caminhada.

RESUMO DO CAPÍTULO

- Aprender a lidar com quem somos é um processo, um caminho que não vai ser percorrido em apenas um dia.
- Reconheça os seus tropeços e aprenda com eles. Comemore e celebre cada pequena vitória, porque elas farão com que se sinta mais capaz de seguir adiante.
- Priorizar a sua felicidade é uma responsabilidade sua e de mais ninguém.
- Comodismo é cruzar os braços e deixar que a vida nos leve, passivamente. Aceitação é respirar fundo, assumir toda a dor, decepção e frustração que a realidade traz, e decidir o que vamos fazer com ela.
- As redes sociais são um recorte editado da vida de alguém. Não se compare, não tente atingir ideais impossíveis e cruéis.

- Educar por meio da não violência é um exercício de consciência. É um transbordamento. Cuidar da forma como vemos a vida, como encaramos o que nos acontece, pode melhorar a nossa paciência e a nossa presença. E nos torna pais melhores.

- Aceitar a vulnerabilidade como uma condição própria da existência humana é uma escolha que fazemos e refazemos diariamente. E vale a pena. Ela reverbera na verdade com que acolhemos a humanidade dos nossos filhos. Transborda para a nossa capacidade de escuta. Muda as lentes com as quais vemos a nós mesmos e a vida.

- Confie no seu processo. Confie na vida. Confie em si mesmo. E lembre-se de aproveitar a caminhada.

AGRADECIMENTOS

Escrever um livro não é um processo simples. Eternizar os nossos pensamentos e as nossas convicções é uma responsabilidade que, por vezes, faz faltar o ar. Escrevi este livro enquanto encarávamos uma mudança da Bahia para São Paulo. Os capítulos fluíram enquanto desencaixotávamos coisas e nos habituávamos a uma nova rotina Quando um livro quer ir para o mundo, ele não escolhe hora. E eu, mesmo dada à rebeldia, costumo obedecer às demandas dessa missão. Dito isso, não posso começar os agradecimentos de outro jeito que não agradecendo ao meu marido, aos meus filhos e à minha mãe, que se mudou para a nossa casa por dois meses para que eu pudesse escrever, pela paciência. Obrigada por aturarem a minha impaciência e minha ansiedade. Obrigada por me apoiarem. Sem vocês, nada faria sentido.

Agradeço aos meus pais, por terem me dado a vida. Pelo esforço que fizeram, por terem transformado a aridez da educação que receberam no máximo de amor e carinho que conseguiram. Sem vocês, eu não estaria aqui. Sem a sua presença eu não seria quem sou. Eu agradeço e honro vocês.

Agradeço a Isaac meu marido, amigo e companheiro. Agradeço pelo apoio, pela confiança nas minhas capacidades, pelo suporte na minha carreira. Agradeço, principalmente, pela disponibilidade de olhar para si com profundidade. Pelo desejo de se conhecer para ser um pai e um ser humano melhor. "Mozão", obrigada pelo seu amor. Obrigada por nós.

Agradeço a Miguel e Helena por serem meus filhos. Por me fazerem olhar tão intensamente para mim mesma. Por me ensinarem que mereço amor, carinho e respeito por ser quem sou. Agradeço pela humanidade pulsante em cada um deles, pelo encantamento pela vida, pelas inúmeras vezes que chamam a minha criança interior para brincar. Como eu digo e repito todas as noites: eu amo ser a mãe de vocês.

Agradeço às minhas amigas, que comentaram e leram o livro enquanto estava sendo escrito, que acolheram meus choros e me fizeram rir quando achei que ia enlouquecer. Vocês são incríveis. Agradeço também à Livia, minha editora, por todo o esforço e todo o carinho desde a publicação do *Educação não violenta*. Sua parceria faz toda a diferença na minha escrita. Juntas somos fortes.

Agradeço a Deus, ao Universo, a essa força poderosa que me faz acreditar em milagres todos os dias.

Agradeço, por fim, a você, que acreditou que este livro poderia ajudar na busca por mais autenticidade e mais inteireza e por um relacionamento mais fluido e amoroso consigo mesmo ou mesma e com os seus filhos. Espero que tenha valido a pena.

Este livro foi composto na tipografia Frutiger LT Std, em corpo 10/15, e impresso em papel off-white no Sistema Cameron da Divisão Gráfica da Distribuidora Record.